지금이 아니면 안 될 것 같아서

지금이 아니면 안 될 것 같아서

홍인혜 에세이

루나파크:
회사를 그만두고 런던으로

새로운 프로젝트에 투입됐다.

나에게 선택권은 없었다. 회사는 나라는 말을 그곳에 배치하기로 결정했다. 말에는 자아가 없다. 나는 그곳에 놓였다. 극심한 스트레스가 밀려온다. 뇌수가 마를 것 같다. 초조하고 걱정스럽다. 회의 시간은 턱밑까지 치받지만, 아무런 생각이 나지 않고 시간은 꾸역꾸역 간다. 백지 같은 머리에 까만 커서 하나만 깜박거린다. 무언가를 타이핑했다가 지운다. 나는 바싹 마른 걸레를 쥐어짜고 있다.

한밤의 회의, 모두의 얼굴을 살금살금 관찰한다.

다들 늙은 얼굴이다. 아침이면 다시 젊어질까? 모를 일이다. 회의실엔 담배 연기가 가득찬다. 너구리굴 같지만, 그 어떤 너구리도 밖으로 나가지 않는다. 나는 손을 뒤로 돌려 시멘트처럼 굳은 어깨를 주무른다. 눈이 침침하고 잠이 온다. 누군가 차가운 커피를 타온다. 입안은 마르고 머리는 뜨거워서 얼음을 머금었다

뱉었다 한다. 어떤 이가 말을 한다. 들으려고 노력하지만 잘 들리지 않는다. 단어가 공기 중에 흩어진다. 잘 들어둬야 하는데, 그의 말이 휘발된다.

회의가 끝나고 고열로 신음하는 컴퓨터를 끈다.

택시비가 있나 지갑을 확인하고 취객마저 물러간 텅 빈 거리로 나가 택시를 잡는다. 효험이 있을지는 모르겠지만, 마음의 위안을 얻고자 파출소 앞까지 걸어가 택시를 잡는다. "○○역 가주세요." 기사 아저씨는 대답이 없다. 택시는 침묵 속을 달린다. 아저씨의 혀는 느렸지만 차는 나는 듯이 빨랐다. 나는 철제 필통 속 마른 연필 한 자루처럼 달그락달그락 네모난 택시 안에서 이리 치이고 저리 흔들린다. 집 앞에 내려 값을 치르고 "감사합니다"라고 말하는 순간까지 아저씨는 말이 없다.

어둠 속으로 발을 내딛는다.

내 방까지 가는 10분 동안, 나는 작은 설치류처럼 사방을 두리번거린다. 누군가 뒤를 밟지 않을까 겁내며. 내가 소리를 지르면 어디까지 들릴까 상상하며. 엘리베이터에 오르자 잿빛 나방 두어 마리가 창백한 백열등에 붙어 있다. 넓고 시원한 바깥을 두고 왜 형광등에 붙어 있을까? 이 안이 뭐가 좋다고.

그래. 나가자. 어디로든 떠나자. 갑자기 그런 마음이 들었다.

contents

사는 맛 삼삼한 정착의 계절

깊어가는 성찰의 계절

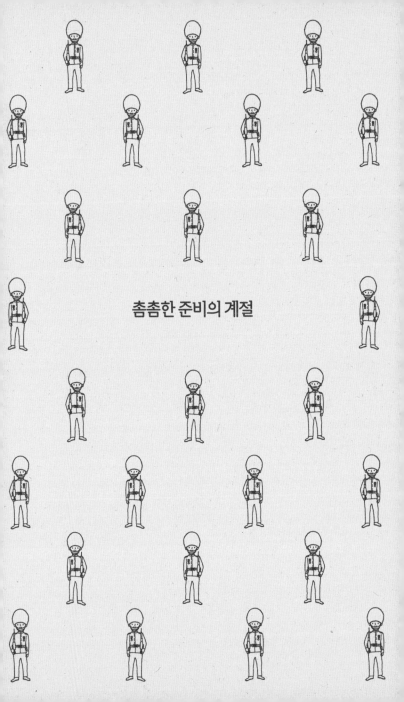

촘촘한 준비의 계절

위기의
청년들

나와 비슷한 프로필의 사람들을 만나면 모두 저마다 마음속에 먼 나라 하나가 도사리고 있다는 사실에 놀라곤 한다. 여기에서 '나와 비슷한 프로필의 사람들'이란, 직장생활을 몇 년 가량 했고, 슬슬 직급의 무게가 느껴지는 연차에, 조금씩 결혼의 압박을 느끼는 미혼들을 말한다.

이런 사회생활 또래들을 만나면 누군가는 프랑스, 누군가는 호주, 누군가는 쿠바, 이런 식으로 각자 꿈꾸는 나라가 하나씩 있었다. 비록 내 지금은 진자처럼 회사와 집만을 무한진동하지만 언젠가 이 궤도를 벗어나 먼먼 나라로 날아가리라, 하는 꿈. 모두 마음속 보석상자에 나라 하나를 숨겨놓고, 무릉도원처럼, 유토피아처럼, 극락처럼 상상하며 야근도 버텨내고 주말근무도 이겨내 왔던 것이다.

나도 마찬가지였다. 나의 '삼포'는 영국이었다. 누군가 이유를 물어오면 내가 좋아하는 화가가 윌리엄 터너, 내가 좋아하는 뮤지션이 라디오헤드, 내가 좋아하는 모험가가 베어 그릴스이기 때문이라고 답하곤 했지만 사실 그게 전부는 아니었다.

정확한 이유는 나도 몰랐다. 왜 영국에 매력을 느끼는지, 왜 영국에 가고 싶다고 생각하는지. 그냥 언제부턴가 막연하게 영국 생활을 꿈꾸기 시작했고, 그것이 일종의 유희이자 휴식이 되었다. 마음이 헝클어졌을 때는 남의 영국 여행기를 읽으며 가보고 싶은 곳을 추렸고, 정말이지 도망치고 싶을 때는 '내가 영국에 간다면 가져갈 물건 리스트'를 짰다. 애착을 갖고 해나가던 일이 무산되어 마음이 산란하면 여행용품 사이트에서 가방을 골랐다.

사실 이 과정 자체가 그저 마음을 다스리는 수단이었고, 팍팍한 회사생활을 버텨나가는 하나의 의식이었다. 늘 정해진 노선으로만 달려온 내가, 실제로 이 모든 걸 정리하고 떠나면 영국 땅으로 날아갈 수 있을 거라고는 전혀 생각하지 못했다.

세상 사람을 '떠돌이'와 '머물이'로 양분한다면 난 일백 퍼센트 후자였다. 모험은 용감한 사람이나 하는 거였고, 나는 평생 남의 모험담을 들으며 동경하고 감탄이나 할 사람이었다. 두드려봐야 할 정도로 못 미더운 돌다리라면 건널 생각조차 않을 사람이 나였다. 그런 내가, 잘 다니던 회사를 그만두고 긴 여행을? 도저히 상상이 가지 않는 행보였다.

하지만 이런 겁쟁이라도, 늘 같은 상상을 부단히 하다보니 시나브로 마음속에 뭔가 차오르기 시작했다. 조금씩, 아주 조금씩 '떠나고 싶은 마음'이라는 파일이 로딩되기 시작한 것이다. 처음 영국행을 상상한 게 입사하고 얼마 안 되었을 적 일이니까, 벌써

6년 가까이 키워온 꿈이었다. 그렇게 로딩만 계속했다면 언제 실행될지 알 수 없었겠지만, 결국 절묘하게도 '지금이다' 싶은 순간이 찾아왔다.

스물아홉이라는 나이를 맞이하게 됐고, 차장 진급을 눈앞에 두게 됐으며, 실제로 같은 꿈을 품어온 동무들이 모든 것을 떨치고 뉴욕으로, 바르셀로나로 날아갔던 것이다. 해서 나도 마음속 방아쇠가 당겨졌다. 삼십대라는 나이를 맞이하기 전에, 직급의 무게에 눌리기 전에, 결혼의 압박이 목을 죄기 전에 지금이 날아오를 때로구나, 하는 생각이 들었다. 그래서 퇴사를 결심했고, 긴 여행을 다짐했다.

이런 내 결정이 과감해 보이지만, 사실 떠나야겠다는 마음을 먹은 후 실제 퇴사를 단행하기까지가 가장 힘들었다. 드라마에는 "그만두겠습니다!" 하고 사표를 책상에 메다꽂는 장면이 흔히 나오지만, 현실 속 시시한 봉급쟁이인 내겐 무리였다. 퇴사하겠다고 말하는 건 가슴속에 든 밤송이를 게워내는 듯 불편하고 고통스러웠다. 수없이 많은 고민을 하고 지인들과 상담했는데, 누군가는 용감하다 격려했고 누군가는 무모하다 만류했다. 모두가 일리 있는 견해였고 나를 생각해준 조언이었다. 진부한 결론이지만, 결국 선택도, 결과에 따른 책임도 내 몫이었다.

이 무렵의 심경은 마치 학교가 세상의 전부인 줄만 알아온 순진한 중학생이 자퇴를 고민하는 것처럼 막막하고 불안했다. 우스운 일이지만 교복을 입은 단발머리 내가 학교를 그만두려고 교무실을 찾아갔다가 차마 들어서지 못하고 문밖을 서성이는 꿈도 몇 번이나 꿨다. 너무 일차원적인 상징이라 프로이트가 비웃을 꿈이었다.

나는 '남들은 턱턱 잘도 그만두는데!' 하며 마음을 추슬렀다가도 '청년 실업 몇십만'이라는 기사 제목만 보면 마음이 끔찍했다. 얼마나 힘들게 들어간 회사인데 거기에서 내 발로 기어나오는지, 왜 달마다 꼬박꼬박 나오는 월급줄을 스스로 끊는지……. 내가 정신이 나갔구나, 하는 생각이 들었다.

매일 지겹다 지겹다 노래하던 회사 앞 식당 밥을 먹으면서도 '내가 이걸 포기할 수 있을까?' 생각했고, 이제는 뭐 하나 새로울 것도 없는 회사 앞 번화가를 바라보며 '내가 여기와 작별할 수 있을까?' 생각했다. 흠집이 잔뜩 나서 얼굴도 알아보기 힘든 사원카드의 내 사진을 바라보며 회한에 잠겼고, 잡동사니로 뒤덮인 회사 책상을 쓰다듬으며 감상에 젖었다.

불안에 떨며 나날이 낯빛이 노래져가면서 대체 그동안 내 삶이 얼마나 정석대로였는지, 얼마나 모험이라고는 끼어들 틈이 없었는지 깨달았다. 광고라는 다소 튀는 직종을 선택했다고 내 인생이 모험적인 것은 아니었다. 나는 그저 정해진 길로만 가는 사람이었다. 학생 때는 얌전히 학교만 다니고, 사회인이 되어서는 조신하게 회사만 다니는 그런 사람. 단지 회사를 벗어나는 걸 상상하는 것만으로도 삶의 방향성을 상실하는 기분이 들었다. 성냥갑만한 나의 세계, 빨대처럼 좁고 일방향인 나의 시야. 나는 너무도 작고 어린 사람이었다.

독설의
효과

회사를 그만두는 문제에 대해 사정없이 번민하고 있을 무렵, 나
보다 먼저 여행을 결심하고 과감하게 퇴사를 공표한 동무가 있
었다. 나의 벗 노난. 노난은 약 7년 전 나와 같은 회사에서 광고
일을 시작한 대학 동문으로, 나이도 경력도 똑같아 말이 잘 통하
는 소중한 친구다. 그간 우리 둘이 온라인 메신저를 통한 텍스트
수다로 회사생활의 고충을 털어놓은 것만 해도 팔만대장경만큼
은 될 거다.

　노난은 갈팡질팡하던 나보다 한발 앞서 마음을 다잡고 스페인
으로 떠날 준비를 시작했다. 그리고 일단 결심은 세웠지만 후폭
풍에 필릴리 나부끼는 내게 시시각각 진척 사항을 알려주며 나
를 독려했다.

　어느 날 노난이 일정도 상담하고 비행기 티켓도 예매할 겸 나
름 그쪽 분야에서 유명한 한 여행사를 찾았는데, 거기서 만난 상
담자가 다소 특이했단다. 흥분한 노난의 말에 따르면, 그 사람은

어디까지나 '판매자'임에도 직분과 관계없이 이런 말을 하더라는 거다.

"외국에 나가는 목적이 뭔데요? 왜 잘 다니던 직장까지 그만 두고 떠나려고 하는데요? 성장해서 돌아올 자신 있어요? 이런 식으로 일이 힘들다고 외국으로 도피하듯 떠나는 분들 내가 많이 봤는데, 결국 다 후회해요. 다시 한번 고민하고 오시는 게 좋겠네요."

적당히 일정을 짜주고 비행기 티켓만 팔면 그만인 사람이 구매자를 꾸짖고, 만류하고, 돌려보내기까지 하다니! 노난에게 이 이야기를 전해듣고 나는 격분했다. 노난과 나의 처지가 꼭 같았기에, 마치 내가 그 말을 들은 양 격렬한 분노가 마음 밑바닥에서 마그마처럼 부글부글 끓어올랐다.

부당한 참견이란 생각이 들었다. 나에 대해 뭘 안다고! 내가 그간 얼마나 열심히 살았는지 알지도 못하면서! 뭐? 도피성 외국행? 우리 일이 얼마나 힘든지 알아? 나는 그런 식으로 쉽게 일을 포기하고 철없이 떠나는 게 아니라고! 날마다 머리털이 한 움큼씩 빠질 정도로 치열한 내 번민을 당신이 아느냐고!

그딴 여행사 다시는 가지도 말라고 입에서 로켓을 발사하듯 역정을 낸 후에도 한참 동안 그 말이 마음에 남아 온종일 끝도 없이 화가 났고, 심지어 그 상담원이 미워지기까지 했다. 그토록 오만한 사람이 또 어디 있을까 싶었다. 전화를 걸어서 댁이 뭔데 그런 소릴 하느냐고 요목조목 따지고 싶었다.

그토록 분이 일었던 이유는 사실 그의 발언이 내 마음을 많이 헝클어놓았기 때문이었다. 나는 그가 비난하듯 말하는, '당장 눈앞의 일이 힘들어 외국으로 도망치는 사람'이 아니라고 세차게 도리질했지만, 그럼에도 내 결심은 조금씩 흔들렸고 나를 잘 알지도 못하는 자가 되는 대로 던진 말에 그렇게 휘둘리는 게 너무나도 싫었다.

겨우 다독였던 마음을 마구 뒤흔들어놓은 놓은 그이를 오래도록 미워하고 미워하다, 어느 순간 마음 밑바닥에서 이런 생각이 둥실 떠올랐다. '내가 지금 정곡을 찔려서 이러나?' 아, 그랬나. 그런 거였나.

곰곰이 생각해보니 그랬다. 사실 그가 짚어낸 건 내가 이번 여행을 준비하며 가장 두려워한 부분이었다. 단순히 당장 눈앞에 직면한 일을 하기가 싫어서, 매일 자명종 소리에 괴롭게 일어나는 아침이 싫어서, 출퇴근길 사람으로 빼곡한 버스가 싫어서, 야근이 싫고 철야가 싫어서, 주말에 회사 나가는 게 싫어서, 퇴근 후에도 불시에 울리는 전화벨이 싫어서 지금 '도망치려는' 게 아닐까, 나는 그게 가장 무서웠다. 내가 위기상황을 슬기롭게 돌파해내지 못하고, 단지 이 땅만 떠나면 행복할 줄 알고, 어쭙잖은 낭만에 사로잡혀 외국으로 도망치는 거면 어쩌나 겁이 났다. 이 여행이 도전적인 모험이 아니라 패배적인 도피면 어쩌나 두려웠다. 나는 이미 어른인데 어린애처럼 투정부리는 게 아닐까 불안했다. 그런 마음이 저 밑바닥에 도사리고 있는데, 누군가 날카로운 송곳으로 쿡 찌르니 화가 났던 거다. 화를 내며 변명하고 싶었던 거다.

그렇게 나 자신을 오롯이 바라보며 한참을 생각했다. 분노를 거두고 인정할 것을 인정하고 나니, 일렁이던 마음이 놀랍게도 차분해졌다. 그렇게 또 며칠 동안 생각을 거듭하니 참으로 고마운 결론이 마음 밑바닥에서 둥실 떠올랐다. '지금 이 상황은 위기가 아니라 기회다.' 직장인 필독 교양서의 제목 같은 문장이지만 나에겐 터닝 포인트와 같은 금언이었다.

나는 위기요인에서 기회요인으로 눈을 돌렸다. 왜 지금이 위기상황이고 그걸 감당 못해서 도망친다고 생각하지? 세상엔 떠나고 싶은데 떠날 수 없는 사람이 더 많지 않은가. 일단 긴 여행이라는 것을 고려라도 해볼 수 있는 내 상황은 분명히 기회였다. 직장생활을 일찍 시작해 경력에 비해 적은 나이가 기회였고, 한참 일할 쓸모 많은 연차인 게 기회였고, 꾸준히 저축해서 여행 경비를 꽤 모았다는 게 기회였고, 아직 미혼이라 행보에 제약이 없는 게 기회였고, 외국행에 가족이 반대하지 않는 게 기회였다. 이 중 하나라도 삐걱거렸으면 발을 내딛기 버거울 테니 말이다.

이렇게 내가 가진 패를 하나둘 꺼내어 살펴보고 나니, 비로소 지금 난 '위기상황에서 도피하는 것'이 아니라 '기회상황에서 도전하는 것'이라는 생각이 들었다. 그러자 모든 불안이 걷히고 '바로 지금'이라는 생각이 들었다. 다시 확신이 생겼고, 내가 못난 패배자라는 생각에서 벗어날 수 있었다.

그가 나를 노려보며 "당신은 그저 도망치려는 것 아닙니까?" 하고 쏘아붙인다 하더라도, 얼굴색 하나 바꾸지 않고 "지금이 적

기라 도전하는 것입니다!" 하고 말할 자신이 생겼다. 더이상 그 상담원이 밉지 않았고, 오히려 고마웠다. 덕분에 이렇게 소중한 결론에 도달하게 되었으니까. 그렇게 몇 달간 이어지던 불면의 밤을 끝내고, 나는 드디어 회사에 사직 의사를 밝혔다.

본인은 1밀리그램도 인지하지 못하겠지만 여행길에 오르기까지 그 여행사 직원의 공이 컸다. 우습게도 노난도 나도 여행사를 통하지 않고 자력으로 비행기 티켓을 구했기에 그와는 더이상 접점이 없었지만, 그는 긴 여행 내내 가끔 떠오르는 이가 됐다. 번지점프대 위에서 벌벌 떨며 징징거리던 내 등짝을 냅다 후려 갈겨 펄쩍 뛰어내리게 해줬으니까. 정말 고맙다. 얼굴도, 목소리도, 이름도 모르는 당신.

짐 뱉지
못하는 사람

새로운 회사에서 일을 시작하면, 언제나 '이번에는 책상을 욕심 없는 고승의 선방처럼 말끔하게 비워두리라' 다짐한다. 어느 곳에 머물건 내 책상은 서류 더미, 책 무덤, 펜 다발은 물론 쿠션에 담요, 칫솔, 자석, 회사 근처 식당 쿠폰까지 몇 겹의 지층을 이루기 때문이다. 마치 그것은 평생 이 자리에 머물 거라는 증표처럼 보이기에, 텅 빈 새 책상을 마주할 때마다 나는 '이번에는 기필코 언제라도 떠날 수 있는 사람처럼 책상을 단출하게 꾸리리라' 마음을 먹는다. 하지만 정신을 차려보면 어느새 내 책상은 각종 잡동사니로 뒤덮여 생활의 냄새가 진동하고 고승의 선방 운운하는 다짐은 한 번도 지켜진 적이 없다.

여행을 앞두고 짐을 꾸릴 때도 마찬가지다. 내가 늘 머릿속에 담아두는 명제는 '이번에는 가방을 욕심 없는 고승의 바랑처럼 가볍게 꾸리리라' 하는 것인데, 그럼에도 결국 내 가방은 늘 고도비만이 되고 만다.

이번 여행을 앞두고도 '난 지금 오지로 가는 게 아니야. 난 지금 문명사회로 가는 거야' 수없이 되뇌었지만, 결국 내 가방은 '이민가방'이라는 이름에 걸맞게 정말 이민 가는 사람의 가방처럼 통실하게 부풀어올랐다.

그곳에 가면 손톱깎이는 있을까? 수건은 있을까? 렌즈세척액은 있을까? 전기요는 있을까? 나는 모든 게 의심스러워서 3미터쯤 되는 물건 리스트를 펼쳐놓고 이중, 삼중으로 체크하며 그 모든 것을 꾸역꾸역 챙겨 담았다. 문제는 이 리스트라는 게 앞서 말했듯 수년간 회사생활을 하며 마음이 산란할 때마다 적어내려간 것이라 정말이지 삼라만상이 다 들어 있다는 점.

언제나 이렇다. 내 책상은 늘 현실안주로 뒤덮여 있고, 내 가방은 집착으로 가득차 있다. 언제고 떠날 수 있는 사람이 되기는커녕, 짐 더미에 묶여 오도 가도 못하는 사람이 되어버린다.

런던행 짐을 꾸릴 때도 이 '짐충이' 근성이 문제였다. '이 옷은 한국에선 잘 안 입지만 영국에 가면 잘 입을지도 몰라' 하며 촌스러운 옷을 수도 없이 챙겼고, '이런 건 정말 한국에만 있을 거야' 하며 온갖 잡동사니를 쓸어담았다.

나름 여행을 많이 해봤다고 자부했지만, 내가 아마추어에 불과하다는 생각을 하게 된 것이 바로 이 짐 싸는 문제였다. 제대로 쓰지도 않을 수많은 물건을 싸 짊어지고 간 나는 그후에도 내내 그 무게에 눌려 괴로워했다.

강조하는데, 오지에 가는 게 아니라면 무조건 현지 조달을 목표로 짐을 줄이고 또 줄이는 것이 정석이다. 나는 도착하자마자 본 예쁜 우산 앞에서, 빛깔 고운 화장품 앞에서, 귀여운 양말 앞에서 '내가 한국에서 이걸 안 가져왔더라면 하나씩 살 수 있을 텐데' 하고 손톱을 물어뜯으며 속상해했다.

한국에서 촌스러웠던 옷은 런던에서도 물론 촌스러웠고, 서울에 있던 것은 런던에도 빠짐없이 있었다. 야심차게 챙겨온 대부분의 물품이 큰 소용이 되지 못하고 짐가방 무게만 늘렸지만, 단하나 한국에서부터 이미 그 불필요함을 감지했으면서도 굳이 챙겨온 물건이 있었다. 그것은 바로 알밤같이 반드르르한 갈색 가죽구두.

그간 여행을 하며 신발은 무조건 한 켤레, 그것도 항상 긴 시간 걷기에 무리가 없는 운동화 일색이었는데, 나는 늘 그 점이 아쉬웠다. 불편한 신발을 신을 수 있느냐 없느냐가 여행자와 생활자의 차이라고 생각했기 때문이다.

'오늘은 여행책에 소개된 여기, 여기, 여기를 기필코 돌아보리라' 다짐하며 흙먼지 낀 운동화 끈을 조이는 여행자보다, 예쁜 구두를 내려다보며 내일을 기약할 수 있는 생활자가 되고 싶었다. 날마다 종아리가 아프도록 맹렬하게 다니는 게 아니라, 내일도 모레도 이곳에 있을 것이기에 하루쯤은 날렵한 구두를 신어도 되는 사람이고 싶었다. 늘 명승고적만 찾아다니는 게 아니라, 고운 구두를 신고 그에 어울리는 고운 장소에 초대받고 싶었다.

생애 첫 장기여행을 구상하면서, 지도를 경전처럼 끼고 다니며 잰걸음으로 관광지만을 순례하는 깃발 꽂기식 여행을 하지 않아도 된다는 기대감에, 나는 굽이 딱딱한 구두를 가방 맨 위에 챙겨넣었다.

비록 터질 것 같은 짐가방에 정말로 불필요한 물건 하나가 추가됐지만, 갈색 구두를 챙겨넣을 때의 내 마음은 긴 여행을 앞둔 설렘으로 가장 두근거렸던 것 같다. 여행자인 동시에 생활자가 된다는 기대감으로.

영국에서 가장 유명한 음식은 물론

피시 앤 칩스

섬나라를 대표하는 음식이 생선 튀김이라니
난 여기서 이 나라의 음식에 대한 모든 기대를 버렸다

해산물이
가장 신선할
나라에서

생선을
튀기다니
!!!

튀기면
연필도 맛있단
말이다!!!

아마도...

뭐 그래도 매끼 맛있게 먹긴 했다

펍음식
너무 좋아

특히
고기파이

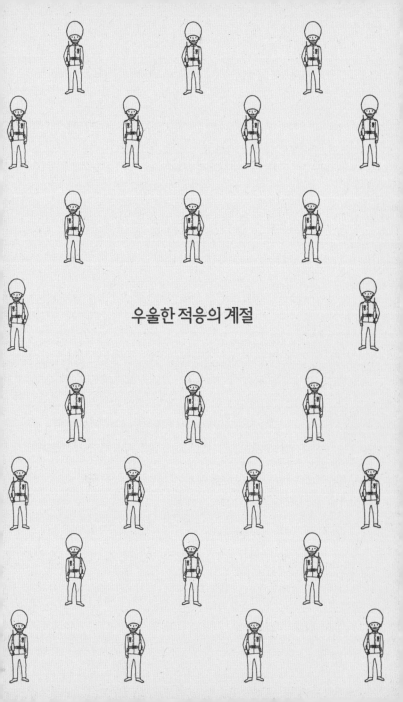

우울한 적응의 계절

준비광의
최후

예전에 주변의 누군가 "뭐든 계획대로 착착 진행되는 걸 좋아하는 성격이라면 인도 여행은 무리야"라고 말한 적이 있다. 인도에서는 모든 것이 예상을 빗나간다는 뜻이었다. 나는 그 말을 듣고 '아아, 나는 인도에 가면 안 되는 사람이구나' 하고 생각했다. 나는 리스트광, 정보광, 준비광으로서, 즉흥성을 배제한 안전여행을 지극히 선호하는 사람이니까, 걱정을 도매로 떼서 하는 '겁재벌'이니까. 모든 것이 낯선 이국땅에서 문제상황을 마주하고 곤경에 처하는 걸 상상하기만 해도 두렵기 짝이 없다.

예전에 짧게 태국을 여행한 적이 있는데, 상점에서 한국 사람 두어 명이 "여기 달러 안 써? 태국 돈 따로 있어?" 하고 웅성웅성 떠드는 걸 듣고 화들짝 놀라 나도 모르게 고개를 돌려 얼굴을 쳐다본 적이 있다. (태국에선 달러가 통용되기도 하지만, 대부분 바트화를 쓴다.) 검색에 검색을 거쳐 환전소의 위치는 물론이고, 단위가 큰 지폐일수록 환전할 때 이득이라는 소소한 정보까지 알아온 내게는, 현지 통화조차 확인 않고 온 사람들이 마치 외계인처럼 느껴졌기 때문이다.

짧은 여행에도 그렇게까지 준비할 정도니, 몇 개월을 체류할 목적으로 준비했던 이번에는 그야말로 상상 초월. 수십 개의 온라인 여행 커뮤니티에 가입하고, 수백 개의 글을 읽고, 수천 개의 리스트를 만들어내며, 수만 개의 변수에 대비했다. 밤낮없이 창백한 모니터 화면 너머 영국 정보를 들쑤시는 나를 보고 온 가족이 혀를 내두를 지경이었다.

비행기 티켓을 구할 때도, 단돈 천 원이라도 싸게 날아가려고 수없이 검색에 검색을 거친 끝에 금전보다 시간이 많은 자만이 선택할 수 있는, 경유지에서 1박을 한 후 연결편을 갈아타는 비행기를 예약했다. 일본 항공이었는데 부단한 검색의 결과로 최저가라 자부하는 티켓이었다.

경유지는 나리타. 나는 당연하게도(!) 하룻밤 잠만 자고 떠나는 나리타에 대해서도 핥듯이 검색했다. 늦은 시간에 도착하는지라 시내 관광은 무리였지만, 숙소와 가는 길, 근처 음식점 등을 소상히 검색한 후, 숙소 근처에 있다는 작은 라멘집에서 여행을 자축하며 라멘을 호로록 먹고 고소한 나마비루(생맥주)를 들이켜기로 계획했다. 철두철미하고도 아름다운 플랜이었다. 칼같은 준비성과 여행적 감성의 앙상블! 나는 나 자신의 완벽한 기획력에 감탄했다.

코끼리 같은 짐가방은 아슬아슬하게 수하물 기준을 통과했고,

설레는 마음으로 비행기에 올라 소꿉놀이 장난감 같은 도시락을 받아먹으니 어느새 일본이었다. 나리타 공항에 내려서, 단독 여행객이라는 긴장감을 들키지 않으려고 마치 여러 번 와본 곳인 양 고개를 빳빳이 들고 캐리어를 밀며 당당하게 걸어나갈 때까지만 해도 모든 것이 완벽했다.

숙소는 항공사에서 제공하는 근교의 호텔. 셔틀버스 승강장으로 가는 길은 이미 한국에서 수없이 많은 사진으로 확인했던 낯익은 루트였다. 해는 진작 져서 어두웠고, 의외로 싸늘한 일본의 2월 밤공기에 오슬오슬 떨며 버스를 기다렸는데, 버스가…… 버스가 오지 않았다. 안내판엔 분명히 배차 간격이 15분이라고 되어 있는데, 30분이 지나도 나타나지 않았던 것이다.

그러자 준비광의 낯빛이 흐려졌다. 하지만 일그러진 얼굴을 감추려고 여유를 가장한 웃음을 짓고, 괜히 MP3플레이어의 버튼을 만지작거리며 익숙한 일인 양 태연한 척했다. (하지만 이어폰에 울리던 음악은 꺼둔 지 오래였다.) 한참 시간이 지나 거의 한 시간을 채우고 나서야 버스가 도착했다. 버스 기사는 일본어로 뭐라 뭐라 늦게 도착한 이유를 한참 설명했는데, 나는 알아들을 수가 없었고 버스가 왔다는 사실만으로도 완벽히 용서할 수 있었다.

숙소에 도착하자마자 짐을 대충 부려놓고 창문을 여니 어느덧 까만 밤이었다. 처음 떠난 외톨이 여행. 긴장한 탓인지 겨우 버스가 늦게 왔다는 작은 오류에도 이미 진이 빠진 나는 홀로 바깥에 나가기가 무서워 라멘 따위 그냥 포기하고 싶었지만, 근사하게 구상해온 첫번째 계획부터 '실패' 도장을 찍고 싶지 않았기에 용기를 내 밤길을 뚫고 식당으로 향했다.

낯선 거리를 홀로 걷는 게 더없이 두려워졌지만, 어둠 저편에서 밝은 빛을 뿜어내는 라멘집을 보자 한결 마음이 부드러워졌다. 드르륵 문을 열고 들어서면 고소한 라멘 냄새가 확 풍길 테고, 머리에 띠를 동여맨 젊은이들이 경쾌하게 "이랏샤이마세!" 하고 외치겠지. 하지만 힘차게 문을 열어젖히려는 순간, 내 눈에 들어온 글귀는 바로 이것. 'Japanese YEN Only (엔화만 받습니다)'

뭐? 카드를 안 받아? 경유객을 상대로 장사하는 집이? 사실 나는 엔화를 한 푼도 가져가지 않았던 거다! 하지만 난 당황하지 않았다. 준비광은 결코 실수하지 않으니까. 나는 호텔에 환전소가 있다는 것까지 미리 알아왔던 거다!

아무도 보지 않는데도 괜히 "나 참~" 하는 듯 어깨를 한번 으쓱해주고 발길을 돌려 환전소로 향했는데, 세상에나…… 시간이 늦어 환전소가 문을 닫았다. 무인 환전기도 있었지만 달러만 통했다. 내가 가진 건 오직 원화와 파운드화뿐.

모든 계획이 어그러졌다. 안녕 라멘, 안녕 생맥주……. 모눈종이에 촘촘히 작성한 여행 계획의 첫번째 아이템이 여행을 시작한 지 반의 반나절 만에 어그러졌다.

주린 배를 움켜쥐고 근처를 좀비처럼 헤맸지만 카드를 받는 곳은 오직 편의점뿐이었다. 별수 없이 인스턴트 음식 서너 개를 끌어안고 방으로 돌아와 침대 위에 던져놓고, 좁은 욕실에서 서글프게 씻고 잠옷으로 갈아입고 나니, 내가 퍽퍽한 음식만 잔뜩 사고 마실 건 하나도 사지 않은 걸 깨달았다.

결국 이렇게 모든 것이 예상을 벗어날 것을, 그것 또한 여행의 일부인 것을……. 나는 왜 작은 모니터 앞에 앉아 텍스트와 이미지로 이루어진 정보에 그토록 매달렸을까. 왜 주변 사람들에게 "하도 많이 알아봐서 이미 갔다 온 것 같아" 하고 호언했을까. 왜 여행의 핵심요소가 변수 그 자체라는 것을 인정하지 않고, 모든 게 내가 예측한 방향대로 흘러갈 거라 생각했을까.

돌아서면 벽, 또 돌아서도 벽인 자그마한 호텔방에서 미소라멘 대신 전자레인지에 냉동 파스타를 데워먹고, 생맥주 대신 수돗물을 끓여 호호 불어 마시며, 그렇게 여행 첫날밤을 흘려보냈다.

우울한
나의 집

런던에서의 첫 숙소는 홈스테이 가정이었다. 원래 현지에서 집을 렌트할 작정이었는데, 방을 찾는 동안 임시로 머물 곳이 필요해서 호텔, 호스텔, 민박 등 여러 가지를 타진하다 결국 홈스테이로 결정했다. 호텔은 너무 비쌌고, 호스텔은 이 태산 같은 짐 때문에 도저히 무리였다.

또 한편으로는 그동안 어느 나라에 가도 늘 뜨내기 여행객이었기에 단 한 번도 외국인의 '가정집'에 들어가본 적이 없었다는 데 생각이 미쳤기 때문이다. 어차피 잠시 머무는 거, 런던 가정집에서 살아보는 것도 좋은 경험이 될 거라는 생각에, 에이전시에 3주치 숙박비를 선불로 내고 '재키'라는 아주머니의 집을 소개받았다.

홈스테이! 런던의 홈스테이는 참으로 악명이 높았다. 내가 주워들은 경험담만 해도, 매일 통조림만 따서 줬다더라, 우유를 냉동실에 얼려놓고 매일 칼로 썰어 줬다더라, 샤워는 5분 이상 못하게 했다더라, 술 마시고 들어가면 침대에 토할까봐 머리맡에 대야를 놔뒀다더라, 카펫에 잉크 흘릴까봐 만년필을 못 쓰게 했다더라 등등 무궁무진했다.

하지만 때로는 부유한 노부부에게 더없이 사랑받았다더라, 생일파티까지 챙겨줬다더라, 핸섬한 아들내미를 붙여 런던 가이드를 해줬다더라 등등 환상적인 경험담도 솔솔 들렸는데, 많은 사람이 '내가 그런 케이스일지도?' 하고 부질없는 기대를 품는 것 같았다. 아니, 솔직히 내가 그랬다.

내가 받아든 예약 서류로 알 수 있는 건 오직 '재키'라는 집주인의 이름과 주소 한 줄 그리고 'cozy(아늑한)'라는 묘사뿐이었다. 일본에서 영국까지의 긴 비행으로 내 몸 하나 가누기도 힘든 판에 40킬로그램에 육박하는 짐을 끌고 런던의 낯선 거리를 헤매다 겨우 재키의 집을 찾아냈다. 깊이 심호흡을 하고 벨을 눌렀는데 아무도 나오지 않았다. 다섯 번, 열 번 벨을 눌러봐도 반응이 없자, 나는 나리타 셔틀버스 연착에 이어 또 한번 당황했다.

낯선 동네에서 커다란 짐가방만 목숨처럼 움켜쥔 채 안절부절못하고 있으니, 오가는 사람들이 흘끗흘끗 나를 쳐다봤다. 이번엔 굳은 얼굴을 감출 여유도 없었다. 고아원에서 에이번리로 떠난 빨강머리 앤도 기차역에서 마중나온 매튜와 엇갈렸더랬다. 앤은 그런 상황에서도 의연하던데, 앤보다 나이를 배로 주워먹은 나는 한없이 불안했다. 그 순간, 저멀리서 풍채 좋은 흑인 아주머니가 다가왔다.

"너, 뭐하니?"

"나는 이 집에 들어가야 해. 나는 재키를 찾고 있어."

"내가 재키야! 너, 참 운 좋다!"

재키는 오늘 내가 올 줄 몰랐다고 했다. 알고 보니 내가 일을 맡겼던 에이전시에서 정확한 도착 날짜를 통보하지 않았던 것. 재키는 근처에 사는 조카를 보러 외출하는 길이었는데, 누가 자기 집 앞에서 큰 가방을 들고 서성이는 걸 보고 저멀리서 돌아왔다고 했다.

재키는 날 집 안으로 데리고 들어가 내가 쓸 방의 문을 열어주며 자기가 나를 못 보고 그냥 떠났으면 큰일났을 거라고, 너는 정말 럭키한 거라고, 타이밍이 딱 맞아 다행이라고 속사포처럼 떠들고는 다시 약속 장소로 떠났다.

그제야 마음을 가다듬고 방을 둘러보니, 내 방은 아늑하기는커녕 춥고, 낡고, 을씨년스러웠다. 입김이 나올 만치 싸한 공기가 훅 끼쳤고, 바닥에 깔린 카펫은 뭔지 알고 싶지도 않은 얼룩으로 뒤덮여 있었다. 병원에서 쓸 법한 잿빛 철제침대 외에 가구다운 가구는 누런 옷장과 책상뿐이었는데, 옷장은 서랍 한 칸이 없어서 앞니 없는 사람처럼 괴이해 보였고, 책상은 다리가 앙상한 것이 책 두 권만 얹어도 무너질 듯 위태로워 보였다. 책상 의자는 한국으로 치면 편의점 파라솔 아래에나 있을 법한 모양새였다.

단순히 방이 못나고 부대시설이 낡은 것이 아니라 '이 방에는 절대 돈을 쓰지 않으리라'는 집주인의 의지가 느껴져서 마음이 침울해졌다. 대단한 걸 기대하진 않았지만 와락 실망감이 밀려왔다. 홈스테이 복불복 게임에서 그다지 좋은 패를 잡지 못했구나. 하지만 내가 이런 걸로 불평할 만큼 소공녀적 삶을 살아온 것도 아니잖아, 미국드라마를 너무 많이 봐서 환상이 컸나보다. 3주라면 긴 시간인데 그래도 정 붙이고 살아봐야지, 하고 자신을 다독이며 가방을 내려놓았다.

이미 마구간에서라도 잘 수 있을 만큼 피곤에 지친 내가 바랐던 건 오직 따뜻한 샤워뿐. 그러나 시체안치소처럼 춥고 을씨년스러운 욕실에서 부들부들 떨며 물을 틀어보니, 맙소사! 샤워기가 요실금에 걸려 있었다. 수압이 너무 낮아 쫄쫄쫄 미미인형 머리나 겨우 감길 만한 물줄기가 나왔던 거다. 그나마도 샤워기를 50cm 이상 치켜들면 물이 멈췄다.

바닥에 붙을 정도로 쪼그리고 앉아서, 나왔다 멈췄다 하는 미적지근한 물에 머리를 감으며, 언제라도 쏴쏴 뜨거운 물이 나오던 우리 집 욕실을 떠올렸다. 배움이란 늘 소중한 거지만, 겨우 런던에 온 첫날 '우리 집이 얼마나 좋았나'를 배우게 되다니, 딱딱 부딪치는 윗니와 아랫니 사이로 한숨이 나왔다. 가장 나중에 배웠으면 했던 걸 가장 먼저 배우다니 수순이 잘못됐잖아!

겨우 머리를 감고 덜덜 떨며 방으로 들어왔는데, 난방기구라고는 창 아래에 놓인 작은 라디에이터 하나뿐이었다. 라디에이터는 긴 커튼으로 가려져 있었는데, 그렇게 됐다가는 아무래도 방 안에 온기가 제대로 돌지 않을 것 같아 커튼 허리를 접어서 창틀에 올려놨다.

외출을 마친 재키가 보더니 "제대로 했네. 다른 애들은 바보같이 커튼으로 라디에이터를 가려놓더라?" 하고 말했다. "그래요?" 하고 어색하게 받아주며 옷장을 열어보니 익숙한 브랜드의 한국 옷걸이가 잔뜩 걸려 있었다. 아아, 나말고도 다른 한국 학생들이 이 추운 집에 살다 갔던 거구나.

"재키, 당신은 모르겠지만 한국의 집은 굉장히 따뜻해서 커튼으로 라디에이터를 가리면 안 된다는 것 따위 몰라도 돼요" 하고 말했으면 좋았을걸. 이 말을 머릿속으로 영작하다가, 시차 때문에 폭포처럼 쏟아지는 잠에 떠내려갔다.

알뜰한
당신

재키의 집에서 지내는 동안, 그녀는 내게 "런던은 전기세가 비싸니 아껴 써줘"라는 말을 수차례 했다. 나는 원래도 물건이나 에너지를 함부로 쓰는 사람이 아니다. 회사에서도 이면지를 열심히 쓰고, 프린트도 여섯 장을 한 페이지에 하고, 안 쓰는 회의실 불은 꼭꼭 끄곤 했다. '회사에서 알면 좋아할 관리 마인드'라고 몇 번이나 놀림받았지만 개의치 않았다. 이렇게 절약정신이 유전자에 새겨진 나니까, 재키를 실망시킬 일은 없을 거라 생각했다. 이봐 재키, 당신 이번엔 운이 엄청 좋은 거야. 난 환경을 수호하는 검약한 사람이거든!

하지만 재키의 '아껴 쓴다'와 나의 '아껴 쓴다'에는 엄청난 차이가 있었다. 재키의 집에는 인터넷 공유기가 있어서 그걸로 무선 인터넷을 사용했는데, 재키는 이것마저 전기요금이 아까워 하루에 한두 시간만 켜놓았다. 말하자면 시간제 인터넷인 셈이다.

영국의 모든 콘센트에는 전기를 차단할 수 있는 버튼이 있어서 나는 안 쓰는 콘센트의 버튼을 항상 OFF로 해놓는 성의를 보였건만, 그렇게 해도 찔끔찔끔 전기가 빠져나갈 거라 생각했는지 재키는 아예 플러그를 빼놓길 원했다. 절대 예외는 없었다.

하루는 달걀을 삶으려고 열선 방식의 전기쿡톱에 냄비를 올려뒀는데 30분이 지나도 물이 안 끓어 살펴보니 후끈해야 할 냄비가 차디찼다. 아예 전기를 차단해둔 거였다. 재키를 불러 코드를 꽂고 겨우 불을 넣은 후 돌아서는데, 재키가 등뒤에서 냄비에 담긴 물을 절반쯤 싱크대에 버리는 게 아닌가. 의아하게 쳐다보니, 재키가 하는 말, "물이 많으면 오래 끓여야 해."

처음 며칠은 시차에 적응하느라 저녁 8시부터 불을 끄고 죽은 듯 잠들었는데, 재키는 그게 아주 흡족했나보다. 그런데 얼마 후, 겨우 시차에 익숙해져 처음으로 시내에 나가 관광다운 관광을 하고 피곤에 지쳐 깜빡하고 불을 켠 채 잠이 들었다. 책을 읽다 나도 모르게 잠의 수렁으로 빠져들었던 거다. 새벽 3시쯤 부스스 잠에서 깨어 어정어정 침대에서 기어나와 불을 끄고 다시 잠이 들었다. 다음날 늦은 아침 일어나 근방을 조금 쏘다니다 방으로 돌아왔더니, 책상 위엔 A4 용지에 휘갈겨 쓴 재키의 편지가 있었다.

'어제 늦게까지 불 켜놓았더라? 런던은 전기세가 비싸. 아껴 써줘.'

세상에. 겨우 하루 밤새도록 불을 켜놨다고 이런 편지를 받다니, 정말 어이가 없었다. 이 21세기 문명사회에서 밤에는 무조건 잠만 자야 한단 말인가! 그것보다 내가 늦도록 불을 켜둔 건 어찌 알았던 건가! 내 방 문틈으로 새어나오는 불빛을 새벽 3시까지 노려보고 있었던 건가!

무척 황당했지만 전기요금이 얼마나 비싸면 이럴까, 하는 마음도 들고 일단은 집주인의 의견이니 받아들이기로 했다. 불을 켜놓고 잔 내 잘못도 있으니 말이다. 그래서 반성 겸 해가 저물도록 불을 켜지 않고 어둑한 방 한가운데 가만히 앉아 있었다.

내 손이 어디에 있는지조차 보이지 않을 지경으로 어두워지자 비로소 천장의 불을 켰는데, 이상하게 방이 어두침침했다. 어라? 어떻게 된 거지? 천장을 올려다보니 어제까지 작은 전구 네 개가 끼워져 있던 등에 달랑 전구 하나만 남아 있었다. 재키가 전구를 죄다 빼버린 거다.

나는 천장을 올려다보며 한 5분 정도 멍하니 있었다. 무슨 블랙코미디의 한 장면 같았다. 전구를 빼버리다니. 달랑 하루 늦게까지 불을 켜놨다고 전구를 빼버리다니.

한국에서 난 부당한 대우를 받아도 대체로 그냥 감내하는 편이었다. 누군가에게 항의해야 하는 상황 자체가 그리 달갑지 않았고, 에너지 소모가 너무 컸기 때문이다. 불친절한 옷 가게 점원, 제대로 설명을 해주지 않는 의사, 음식을 테이블에 내던지는 음식점 종업원 등등. 그 숱한 푸대접을 그저 '다음에 안 가면 되지' 하고 넘겨왔다.

하지만 이번은 달랐다. 가까운 슈퍼에 갈 때조차 재키가 자기 방문을 철컥철컥 잠그면서 내 방은 잠글 수 없게 걸쇠조차 떼어간 것, 집이 역에서 가깝다고 했는데 그 역이 실은 공사중인 것, 라디에이터를 최고로 올려도 입김이 나올 정도로 방이 추운 것, 샤워기가 물을 찔끔찔끔 쏟아내는 것, '아침 제공'이라는 조건으로 계약했는데도 톱밥 같은 시리얼 봉투 하나 던져준 것도 참았지만 전구를 빼버린 건 정말 그냥 넘길 수가 없었다.

평소의 나라면 억울함을 삼키며 '그래도 별수 없지 뭐……' 하고 울상이나 지었겠지만 이번에는 그러고 싶지 않았다. 낯선 땅에 혈혈단신이라는, 평소보다 움츠러드는 상황이 오히려 오기, 의기, 용기로 작용했다.

나는 홈스테이를 알선해준 에이전시를 찾아가 고국에서 모국어로도 생전 안 하던 컴플레인을 더듬거리는 영어로 강하게 토해냈다. 머릿속에 공들여 인풋해둔 문장을 쏟아내며 거기에다 격한 몸동작을 더해줬다. "내가 머리를 어떻게 감는 줄 알아? 이렇게 쭈그리고야! 내가 밤에 어떻게 자는 줄 알아? 이렇게 웅크리고야!"

3주치 선불로 완납한 돈을 돌려받을 수 있을 거라 기대하지는 않았지만, 으레 그래왔듯 '내 팔자야' 하며 참고 넘어가긴 싫었다. 뻔하게 하던 대로 살려면 뭣하러 한국 땅을 떠났겠는가. 나를 아는 사람이 한 명도 없는 이 땅에서 나 역시 다른 캐릭터가 되고 싶었다. '외국어로 따지기'라는 전에 없던 미션이지만 용기를 그러모아 충실히 수행해냈다.

그런데 의외로 결과가 훌륭했다. 담당자는 내 한이 서린 항의를 차분히 듣더니, 전화 몇 통을 돌린 후에 "그렇다면 남은 기간은 취소해줄게" 하고 말했다. 결과가 신통치 않더라도 항의라도 해봤다는 데서 만족하려고 했는데, 의외로 쉽게 해결된 거다.

나는 남은 열흘 가량의 숙박비를 환불받고 당당하게 그 집을 나가게 됐다. 1분도 더 있고 싶지 않은 곳을 나가게 되어 기뻤고, 돈도 돌려받을 수 있어 기뻤고, 항의가 통해 기뻤고, 무엇보다도 나 자신이 뭔가 달라진 것 같아 기뻤다.

나중에 듣기로 이런 일이 비일비재한데, 대부분은 1페니도 환불받지 못하고 더는 참지 못해 울며 겨자 먹기로 홈스테이 가정을 뛰쳐나간다고 한다. 나는 늘 그런 비극의 주인공이 되기 마련이었는데, 이번엔 투쟁의 승리자가 된 것이다. 불만 제기와 사태 개선이라는, 어떤 이들에게는 너무도 당연한 수순을 무사히 거쳤다는 기쁨에, 극렬 소심분자인 나는 오래도록 흡족해했다.

광고를
믿지 마세요

사고나 질병으로 몸의 한 부분을 절단했는데도 그 부분의 통증을 느끼는 증상을 '환지통'이라고 한다. 그렇다면 있지도 않은 휴대전화의 진동을 느끼는 증상은 무어라 불러야 좋을까? 현대를 사는 인류라면 누구나 겪었을 이 증상, 나도 서울에서 수없이 경험했다. 주머니 어딘가에서 분명 부르르 진동이 느껴졌는데 뒤져보면 구겨진 영수증뿐이고, 휴대전화는 저쪽 어느 곳에 고요히 놓여 있는 것이다.

그리고 문득 울리는 전화벨이 몸서리치게 두려운 증상은 또무어라 부르는 게 좋을까. 드문 경우지만 광고회사에서도 병원이나 소방서처럼 '사고'가 터진다. 모든 광고는 금액이 크든 적든 클라이언트의 피 같은 돈을 그러모아 집행되는 것이기에, 작게는 오타에서 크게는 펑크까지 광고주의 심기를 거스를 많은 가능성이 산재해 있다.

하지만 대부분의 사람들이 퇴근 후에는 남의 일, 보통 '배 째라'는 식으로 무시하는 이 회사 진화를, 나는 타고난 소심함과 비관적 망상에의 재능 탓에 집요하게 받았다. 나는 늘 무서웠다. 퇴근 후에도 나를 찾는 전화는 대체 얼마나 중요한 일이기에, 이걸 받지 않으면 무슨 사고가 터지기에.

심지어 언젠가는 위 내시경 직전 팔에 마취약이 들어갈 바늘을 꽂고 위산억제제를 마신 상태에서도 회사 번호로 전화가 오기에 망설이다 받았던 적도 있다. 이런 절체절명의 순간에 오는 전화는 대체 얼마나 급한 용무기에. 나는 나만의 불안과 망상으로 꼬박꼬박 이런 전화를 받았지만 진짜 급하고 중요한 일은 거의 없었다. 참고로, 내시경 직전에 받은 전화는 "아무개 차장님 전화 안 받으시는데 같이 계세요?"라는 물음이었다.

서울을 떠날 때, 오래 써온 휴대전화의 붉은 심장을 꾹 눌러 가사상태에 빠트리고는 참으로 홀가분했다. 이제 가상의 진동을 느낄 일도, 불시에 울리는 전화벨에 마음 졸일 일도 없겠구나 싶어 기뻤다.

준비광답게 런던의 생활정보를 이것저것 미리 파악했지만 휴대전화 관련 정보는 일부러 빼놓았다. 런던에 가서는 휴대전화가 없는 사람, 자발적인 통화권 이탈자가 되고 싶었기 때문이다. 모두가 "아무리 그래도 막상 휴대전화가 없으면 답답할 거야"라고 했지만, 난 동의하지 않았다. 그 답답함마저 즐길 수 있을 거라 생각했으니까.

그런 대찬 각오로 날아온 영국 땅이었건만, 런던 입성 열흘 만에 휴대전화 없는 삶은 사실상 불가능하다는 결론을 내렸다. 이건 단순히 '휴대전화 없는 자유인이 되고 싶어라' 운운하는 낭만과 이상의 문제가 아니었다. 이건 생활과 생존의 문제였다.

나는 재키의 집을 나가기로 결정하고 당장 살 방을 구해야 하는 처지가 됐다. 천천히 시일을 두고 집을 구하리라 생각했는데, 이 집을 나가겠다고 이미 에이전시에 통보해둔 터라 최대한 빨리 새집을 구해야 했다. 해서 밤낮없이 집 정보 사이트를 뒤졌는데, 방을 내놓은 사람들은 모두 자기 휴대전화 번호만 덜렁 남겨놓았던 거다. 이메일 주소까지 적어둔 이가 몇 있긴 했지만, 내가 메일을 보내고, 그가 메일을 읽고 답장을 보내고, 또다시 내가 확인 메일을 보내는 데는 너무나 긴 시간이 소요됐다.

방을 구하는 건 기동성의 문제라, 좋은 방은 금세 나가버리는데 메일로 방 보러 갈 날짜를 잡고 집주인과 만나는 과정은 너무 지난했다. 나야 급하니까 컴퓨터 앞에 붙어앉아 있지, 집을 내놓은 사람은 그게 아니니까. 메일 열 통을 보내면 절반 정도는 답장이 오지 않았고, 답장이 온 메일 중 한두 건만 약속이 성사되어 집을 보러 갈 기회가 생겼다.

거기에서 끝이 아니었다. 추적추적 비 오는 날 낯선 거리를 헤매다 겨우 접선 장소를 발견하고 안도했지만, 기다려도 기다려도 만나기로 한 이가 오지 않았다. 10분, 20분…… 시간이 가고, 추위와 초조함에 마음이 잔뜩 쪼그라들었다. 아무리 둘러봐도 시선 닿는 곳엔 공중전화 부스가 없었고, 공중전화를 찾으러 간 사이에 만나기로 한 사람이 그 자리에 나타날 것만 같았다. 내게 휴대전화만 있더라도! 전화 한 통 해볼 수만 있더라도! 이런 생각이 절로 들었다.

이대로는 영영 집을 못 구하겠다는 생각에 휴대전화를 사기로 마음먹자, 급속도로 자기합리화가 진행됐다. 혈혈단신 날아든 낯선 땅에서 아프거나 위험에 처하기라도 해봐, 999(한국의 119)에 신고라도 해야 할 것 아니야? 사람이 전화기 하나쯤 응당 가지고 있어야지, 암.

알아보니 런던에는 'pay as go'라는, 별다른 조건 없이 휴대전화를 바로 개통해서 교통카드처럼 요금을 충전해서 쓰는 간편한 제도가 있었다. 휴대전화 기기값도 한국보다 한결 저렴해서 삼사만 원이면 적당히 쓸 만한 기계를 살 수도 있었다.

그렇다면 어느 통신사를 선택해야 할까? 영국에도 한국처럼 몇몇 통신사가 고객을 유치하려 경쟁하고 있었다. 한번 휴대전화에 관심을 두기 시작하자, 한 회사의 광고가 특히 눈에 많이 걸렸다. 버스 외벽이니, TV니, 거리 전광판이니 곳곳에 그 회사의 광고가 눈에 띄었다. 광고도 자주 보이고 보기에도 그럴듯하니 마음이 동했다. 혜택도 많을 것 같고, 서비스도 좋을 것 같고, 선택해도 후회가 없을 것 같았다.

광고회사 사람들은 이런 말을 곧잘 한다. "넌 광고를 만들면서도 광고를 믿니?" 사실 광고는 결코 거짓이 아니다. 엄격한 심의 제도가 서슬 퍼런 칼날을 디미는데 어찌 거짓을 고하리. 하지만 광고는 절대 진실도 아니다.

집 바로 앞에 8차선 도로가 놓인 아파트가 있다고 치자. 이 집은 오가는 차 때문에 밤낮없이 시끄럽다. 하지만 광고에선 그 이야기는 일절 하지 않고, 모델은 그저 해사하게 웃으며 말한다. "문을 열면 시내가 성큼 다가서는 ○○아파트" 이게 광고의 본질일지도 모른다. 좋은 건 비단결처럼 말하고, 좋지 않은 것에 대해서는 조개처럼 입을 다무는…….

난 그걸 뻔히 알면서도 광고를 엄청 잘 믿는다. 요즘엔 껌 한 통을 사려 해도 난립하는 브랜드 사이에서 햄릿처럼 고민해야 하기 때문인 걸까. 막연한 이미지로나마 호감을 주고 선택에 도움을 주는 광고를 나는 편의상 믿게 된다.

그래서 나는 오로지 광고만 믿고 그 통신사를 택했다. 하지만 몇 주간 휴대전화를 써보고 다른 이들과 이런저런 정보를 교환한 후, 내가 고른 통신사가 요금이나 혜택 면에서 최악이라는 걸 깨달았다. 다른 통신사들이 뿌리는 무료문자 서비스나 무료통화 서비스도 일절 없었고, 요금은 훨씬 비싸서 전화 한 통, 문자 한 통에도 벌벌 떨게 됐다.

한국에서 TV만 틀면 나오는 물량 많은 광고를 보고, 사람들이 "광고할 돈으로 제품에나 신경 써봐!" 하고 비난하면 괜히 내 죄인 양 머쓱했는데, 이번엔 나도 모르게 그 말이 튀어나왔다. "이거 광고하는 데 돈 다 쓴 것 아니야? 그래서 요금 비싼 거 아니야? 광고만 번지르르하게 하고! 광고에 속았네, 속았어."

웃겼다. 6년간 입었던 광고 만드는 사람의 옷을 슬쩍 벗어놓고 금세 일반 소비자가 되어 광고를 비판하는 내가, 광고에 쓸 돈으로 서비스나 잘하라고 투덜거리는 내가 너무 웃겼다. 나는 기계값이 아까워 별수 없이 런던 체류기간 내내 그 휴대전화를 쓰면서 비싸다고, 속았다고 수없이 투덜거렸다. 광고만 믿었던 광고인의 최후였다.

청소년은 어디에

떠나기 전에 '영국 청소년들이 무섭다'는
이야기를 많이 들었다

그런데 막상 이 나라에 오니 그 무섭다는
청소년들이 거의 눈에 안 띄는 게 아닌가

그런데 알고보니
**내가 성인이라 생각했던 이들 중
상당수가 십대 소년 소녀들이었다**

이 아이들… 무섭도록 성숙하다

나의 굴,
나의 둥지,
나의 행성

찬비에 어깨를 웅송그리며 수없이 방을 보러 다녔다. 인터넷 사이트에 올라온 집 광고를 보고 찾아다녔는데, 실제로 가서 보니 사이트에서 읽었던 상당수의 설명이 거짓이었다. '고풍스러운 빅토리아식 건물'이라던 집은 낡디낡아 재채기라도 크게 하면 무너질 것 같았고, '가족적인 분위기'라던 집은 플랫▓메이트가 일곱 명인데 욕실은 하나뿐인 난리통이었으며, '역에서 엎어지면 닿을 거리'라던 집은 바짓단이 까맣게 비에 젖도록 한참을 걸어야 나타났다. 집주인의 키가 1킬로미터쯤 됐던 걸까.

그렇게 갖은 허풍에 지쳐가며 한참을 헤맨 끝에 그럭저럭 합격점을 주고 싶은 방을 찾았다. 그래도 몇 달을 살 집을 구하는 건데 냉큼 계약하기 뭣해서 "저녁까지만 생각해볼게요" 하고 문을 나서는데 집주인이 갸웃하며 말했다. "이렇게 좋은 방은 금세

▓ **플랫 flat**
우리나라의 연립주택, 다가구주택, 아파트에 해당하는 주거 형태. 영국에서는 경제적 여유가 없는 유학생들이 플랫 하나에 여러 명이 모여 살기도 한다.

나가는데⋯⋯." 하지만 이미 숱한 허풍에 진력이 난 상태라 그 역시도 허튼 수작을 부리는 것이라 생각했는데, 저녁 무렵 마음을 정하고 다시 전화를 걸어보니 정말 그 방은 그 짧은 사이 나가고 없었다.

날이 갈수록 마음이 초조해지는 게 마치 심장이 늙은 대추같이 쪼그라드는 기분이었다. 기거할 곳이 마땅치 않다는 사실이 사람을 이토록 불안하게 만드는지 몰랐다. 내가 음식을 씹는지 냅킨을 씹는지 음식맛도 느껴지지 않았고, 집도 없는 주제에 어딜 쏘다니나 싶어 관광다운 관광도 제대로 못했다. 집도 절도 없는 사람 눈에 미술관의 명화가 들어오기나 하겠는가.

그렇게 불안감이 클라이맥스에 다다를 무렵, 런던 북동부 지역에 나온 방 하나를 보러 갔다. 우리나라로 치면 주상복합 형태라고 할까? 지층엔 상점이 있고, 그 위엔 주거공간이 있는 커다란 플랫이었다. 복도를 사이에 두고 양 옆으로 집이 일렬로 늘어서 있는, 독채가 아닌 아파트 형태였는데, 한국에서도 아파트에서만 수십 년을 살아온 나는 변변한 정원도 없는, 다소 삭막한 그 풍광에 오히려 정겨움을 느꼈다.

역에서 5분 거리라더니, '역에서 미친개처럼 뛰어서 5분 거리'가 아니고 정말 설렁설렁 걸어도 5분 거리였다. 주방 하나, 욕실 두 개에 방은 네 개, 즉 플랫메이트는 나까지 넷이었다. 집은 낡았지만 내가 쓰게 될 방은 마루도 새로 깔고 페인트칠도 멀끔하게 해둔 상태였다.

재키에게 통보해둔 이삿날은 내일모레로 다가온데다 먼젓번의 실수도 있고 해서, 나는 가방에서 벼락같이 계약금을 꺼내 단박에 계약을 체결했다. 묵직한 돈을 건네고 내가 받은 건 집 관리인이 연습장을 찢어서 갈겨써준, 허술하기 짝이 없는 계약서 한 장과 달랑이는 집열쇠 한 개. 계약서라고 해봐야 법적인 효력 따위 있을 리가 없는 낙서 같은 종잇조각이었지만, 나는 흥분해서 떨리는 손으로 고이 접어 가방에 넣었다.

그렇게 가슴 뛰는 며칠을 보내고 마침내 이삿날이 왔다. 도무지 내 집 같지 않아 푸는 둥 마는 둥 했던 짐을 다시 꼭꼭 여며서 이고 지고 아침 일찍 집을 나섰다. 재키는 점잖게 내 런던살이의 축복을 빌었고 나도 그동안 정말 고마웠다고 답례했지만, 실은 1초라도 빨리 나가고 싶어 안달이 난 상태였다. 그렇게 자진모리장단으로 뛰는 심장을 부여안고 빨간 이층버스를 타고 새 플랫으로 향했다.

나는 참으로 격앙된 상태였다. 마침내 런던에서 처음으로 정붙이고 살 내 집이 생겼으니까. 하지만 그 과도한 흥분이 문제였다. 지금 돌이켜보면 어찌 그럴 수 있나 싶게 멍청했던 부분인데, 난 새로 살 집의 정확한 동과 호수를 몰랐다. 집을 보러 갔을 때는 집주인을 역에서 만나 그 뒤만 종종 따라갔고, 열쇠를 받아 나오면서도 들뜬 마음에 왈츠만 췄지 뒤돌아서 문짝에 붙은 번호를 확인할 생각조차 안 했던 거다.

코끼리 같은 짐을 끌고 건물 앞에 당도하자, 나는 당혹스러워졌다. 대형 플랫이라 출입구도 한두 개가 아니라 어디로 들어가야 할지 도저히 알 수가 없었다. 아스라한 기억을 더듬어 여기다 싶은 곳을 찾아 들어갔는데 더 큰 벽이 있었다. 복도를 가운데 두고 똑같은 문짝이 수십 개가 늘어서 있는데, 어디가 내 집인지 전혀 알 수가 없었다!

얼굴이 허예진 나는 집주인에게 당장 전화를 걸었지만, 몇 번이나 걸어도 받질 않았다. 마냥 복도에 서서 기다릴 수가 없었던 나는 기억을 더듬어 집을 찾기 시작했다. 분명 그때 이렇게 들어와서, 여기에서 우산을 털고, 여기에서 몇 발짝 걸었지. 그리고 제일 안쪽 집이라고 집주인이 말했던 것 같아. 그렇다면 아마 이 집일 거야!

그렇게 확신하며 제일 끝 쪽 문의 열쇠구멍에 조심스레 열쇠를 찔러넣었는데, 아무리 힘주어 쑤셔넣어도 들어가지 않았다. 땀 한 방울 또르르. 문을 두드려볼까 싶었지만 덩치 큰 서양인이 나와서 누구냐고 따지면 어쩌나 겁이 났다. "나, 우리 집 찾아요" 하는, 이 말도 안 되는 상황을 설명할 자신이 없었다.

그렇게 한참 열쇠를 붙잡고 씨름했지만, 맞지 않는 구멍에 열쇠가 들어갈 리 없었다. 남의 집 열쇠구멍을 쑤시는 거면 어쩌나 무서워서 큰 소리조차 내지 못했다. 가짜 열쇠인 걸까? 왜 나는 그때 열쇠를 받아 시험 삼아 문을 한번 열어볼 생각도 안 했을까? 계약금까지 주고 짐을 빼서 찾아왔는데, 마치 사기를 당한 기분이었다.

그제야 내가 가진 건 알량한 계약서뿐이라는 데 생각이 미쳤다. 초등학생도 주고받지 않을 만큼 어설픈 계약서 말이다. 내가 바보였네! 포근한 새 방에서 하루를 시작하고 싶었는데 이게 뭐람. 나는 왜 이리 멍청할까.

비통한 마음에 될 대로 돼라 싶어 손잡이를 잡고 문을 흔들어 보는데, 문이 스르륵 열렸다. 열쇠구멍과 그토록 씨름을 했는데 애초부터 잠겨 있지도 않았던 거다. 어라라! 그렇게 문을 빠끔 열고 조심스레 안을 보니 아뿔싸, 거기는 비상구였다.

아니, 사실상 쓰레기장이었다. 건물 밖으로 빠져나가는 비상구 계단이 있고, 그 옆에 쌓인 온갖 잡동사니가 악취를 풍기는 쓰레기장이었던 것이다! 아무런 표지판도 없고 문짝은 다른 집과 감쪽같이 똑같았는데 말이다. 나는 순간 온몸에 힘이 빠져 쓰레기 더미에 풀썩 쓰러질 뻔했다. 고작 쓰레기장 문을 열려고 그렇게 한참 동안이나 들어가지도 않는 열쇠를 손끝이 하얗게 되도록 움켜쥐고 애썼다니.

겨우 정신을 수습해 쓰레기장에서 기어나와 그 옆에 있는 문손잡이 구멍에 열쇠를 찔러넣으니 부드럽게 슥 들어갔다. 결국 가장 안쪽 집은 맞았는데 쓰레기장을 빼고 꼽은 안쪽 집이었던 거다. 집에 안착한 순간 집 관리인에게 일하는 중이라 전화를 못 받아서 미안하다는 문자메시지가 도착했다.

그렇게 나는 IQ를 10쯤 깎아먹으며 새집으로 이사를 했다. 처음 해보는 일은 이토록 힘이 든다. 난생처음으로 낯선 곳에서 혼자 집을 구하고, 계약하고, 이사해보는 터라 그토록 맹하게 굴었나보다. 사회생활에선 똘똘한 한 홍대리였는데, 독립생활에선 백치 아다다였던 거다.

물론 그후에도 처음인 일투성이였다. 처음으로 잡화점에 가서 걸레니 빗자루니 하는 걸 사서 입주 청소라는 것도 해봤고, 처음으로 천장의 전구도 갈아봤고, 처음으로 공구를 들고 밑판이 자꾸 빠지는 침대도 고쳐봤고, 처음으로 진공청소기의 먼지봉투도 갈아봤다. 지금껏 살며 '아빠가 하는 일' 내지는 '기술자가 하는 일'이라 생각했던 걸 하나둘 해치우며 역시 사람은 닥치면 다 하게 되는구나 생각했다.

내 아무리 서구인들의 나라에 있지만 방에서도 신발을 신고 다니기가 영 싫었기에, 새로 산 걸레로 마루를 윤이 나도록 맹렬하게 닦았다. 서울에선 엄마가 걸레질 좀 하라고 수없이 닦달을 해도 발로 슥슥 밀고 마는 수준이었는데. 먼지 한 톨 없는 반질반질한 마룻바닥에 퍼져 앉아, 드디어 런던에 내 집, 내 방이 생겼구나 하고 희미하게 웃었다.

미움의
도시

전기요금의 수호자 재키와 결별하고 내 방을 얻은 뒤로 삶의 질
이 한층 올라갔지만, 그렇다고 대번에 런던이 좋아진 건 아니었
다. 사실을 말하면, 나는 이맘때 런던이 몸서리치게 싫었다. 아니,
애초부터 막연한 호감을 품고 날아든 도시인데 이 어찌된 증오
감일까? 하지만 정말 그랬다. 지난 수년간 영혼의 도피처로 런던
을 상정해놓고 꿈꿔오는 동안, 내 머릿속엔 런던 판타지가 자라나
고 있었던 것 같다. 그러다 지엄한 현실의 따귀를 야무지게 맞고
몽상에서 깨어난 거다. 런던 진입 초기의 나는 왜 그렇게 런던이
싫었을까? 왜 남은 6개월이 영겁처럼 아득하게 느껴졌을까?

1. 날씨

제일 첫번째 이유는 날씨였다. 처음 런던에 도착한 날부터 2주
동안 단 하루도 빠짐없이 비가 왔다. 런던에 비가 많이 온다는 사

실은 한국에서부터 귀가 따갑게 들어왔는데 그때마다 늘 생각했다. '나는 날씨를 안 타잖아? 비 오는 날도 좋아하고…….'

사실 나는 원래 날씨에 크게 주의를 기울이지 않는 축이었다. 가끔 누군가 "오늘 날씨 진짜 좋다"라고 탄식처럼 말하면 그제야 하늘을 한번 쳐다보고 "그런가?" 하고 마는 수준이었다.

그런데 런던에 와서 2주간 단 5분도 쨍쨍한 햇볕을 못 보니 "난 날씨 별로 신경 안 써" 하는 오만한 말이 혀 밑으로 쏙 들어갔다. 한국의 날씨는 준수한 편이었고 내가 진정 더러운 날씨를 경험해보지 못해서 나온 말이었던 거다.

재키네 곁방살이 시절, 굴 같은 방의 관 같은 침대에서 일어나 잿빛 커튼을 걷으면 하늘도 까맣고 땅도 까맣고 빗방울도 까맸다. 그걸 바라보는 내 마음까지 까매졌다. 그리고 그 차가웠던 빗물. 얼음 녹인 물 같은 빗물이 골수까지 스며드는데, 우산을 든 손이 아프도록 시려서 왼손 오른손 수도 없이 손잡이를 바꿔 쥐며 부들부들 떨었다.

내가 처음 런던에 왔던 건 대학생 때였는데 일주일 남짓 머물렀던 그때는 한여름이라 매일이 무척 맑았다. 당시 공원마다 거인이 한줌 집어다 흩뿌린 것처럼 사람들이 나동그라져 있는 걸 보고 이 사람들 왜 이리 유난인가, 태어나 햇볕 처음 쬐나 싶었는데, 이번에 와서 2주간 비가 내리다 처음으로 해가 찬란한 얼굴을 내밀자 나도 길바닥에 널브러지고 싶었다. 전신으로 햇살을 받고 싶었다. 하지만 그런 청명한 날은 너무도 짧고 드물었으며,

다음날은 여지없이 스프레이로 뿌리는 듯 불쾌하게 온몸으로 스며드는 찬비가 내렸다. 그게 바로 악명 높은 런던의 겨울 날씨였다.

2. 사람들

런던에서 제일 많이 들었던 말은 "Sorry"다. 이 사람들은 왜 이다지도 사과를 잘하는지 그 말을 하루에도 백 번쯤 들었다. 물론 예의 바른 건 좋다. 한국에선 남의 발을 사뿐히 지르밟고 사과조차 하지 않는 사람, 버팔로처럼 남을 밀치고 말없이 지나가는 사람 등등 무례한 자들 탓에 기분 상한 적이 왕왕 있었다.

그런데 런던에선 타인과의 접촉 자체가 고두사죄할 일인지 남의 몸에 손끝이라도 닿으면 사과부터 했다. 저멀리 10미터 뒤에서 다가오는 사람도 메아리처럼 외쳤다. "Sorry!" 어디 그뿐인가? 버스에 앉아 있는데 누군가 내 옆자리에 착석하다 털썩 하고 작은 소음을 냈는데 역시나 1초 만에 사과의 말이 튀어나왔다.

처음엔 '런던 사람들 참 예의 바르네! 세련되네!' 했는데 지내다보니 다소 쓸쓸해졌다. 이 개인주의자들의 도시에서는 남의 공간에 침범하는 것, 남의 평화를 깨뜨리는 것, 원하지 않는 교류를 청하는 것이 철저하게 죄악시되는 거다. 물론 생활자에게는 편한 사회 분위기지만, 여행자에겐 꼭 그렇지만은 않다. 외로운 여행자들은 남의 세계에 틈입하고 싶은 사람들이다. 하지만 런던의

'사과머신'들은 이를 단호하게 차단한다. 이들의 "Sorry"에는 '나도 너를 터치하지 않을 테니, 너도 나에게 다가오지 말아줄래?'가 함의되어 있었다.

나는 여행자니까, 낯선 도시의 이방인이니까, 모든 사람들이 내게 다정할 줄 알았다. 존재만으로도 관심의 대상일 줄 알았다. 하지만 그건 내 착각이었다. 관광객으로 넘치는 그 도시에서, 나는 결코 중심부로 스며들 수 없는 외지인이자 희소성마저 상실한, 흔해빠진 이방인이었다.

내가 그동안 남의 여행기에서 읽어왔던 낯선 타인들과의 스스럼없는 교류는, 런던에선 일종의 판타지였다. 일본음식점의 카운터 좌석에 일렬로 앉은 외톨이 손님들도 저마다 책을 읽고 신문을 보고 스도쿠 퍼즐을 하지, 옆 사람에겐 한마디도 하지 않았다. 독하게 말해 런던 사람들은 남에게 아무 관심이 없다. 그냥 자기를 방해하지 않기만 바랄 뿐이다.

이 낭패감을 반추해보니, 뭐랄까…… 마치 서울 같았다. 나라고 뭐 서울에 있을 때 남에게 관심이 있었나, 우연히 가까이 앉은 사람에게 말이나 걸어봤나, 정말 아무 접점 없는 순도 백 퍼센트 타인과 우연히 거리에서 만나 친구가 된 적이 있었나.

나 역시 타인은 그저 타인이었고, 안면 없는 누군가 길에서 내게 말을 걸면 무조건 호객 아니면 전도하는 거라고 생각해 경계했다. 나를 담당해주는 미용사는 말이 없을수록 좋았고, 수다스러운 택시 기사는 나를 진땀나게 했으며, 우리 아파트 엘리베이터는 혼자 탈 때가 제일 편했다. 이렇게 고국에서의 나를 돌이켜보니, 여기 사람들이 나를 대하는 방식이 이해됐고, 내 처지를 수긍할 수밖에 없었다. 그래서 더욱 슬퍼졌다.

3. 언어

세계 어느 나라를 여행해도 그 나라 말을 못하는 건 당연한 거고, 그 때문에 모멸감을 느꼈던 적은 한 번도 없다. 글자 하나 읽을 수 없었고, 기껏 외워 간 인사말을 누구도 알아듣지 못했던 몽골에서도 그랬다. 물론 불편하고 답답했지만 자괴감을 느끼진 않았다. 그래서 런던에서 내가 언어 문제로 위축되리라곤 전혀 생각지 않았다. 더군다나 영어 아닌가. 정규 교육을 받은 한국인이라면 어느 정도는 할 줄 아는 국제공용어!

하지만 이 국제공용어라는 딱지가 독이었다. 몇몇 영국 사람은, 누군가에게 영어는 엄연히 외국어라는 사실을 인식하지 못하는 모양이었다. 어디까지나 일부 영국 사람이지만, 그들은 모국어에 대한 자부심이 성층권을 찔러서 외국인에 대한 배려라고는 쌀알만큼도 없었다. 누구도 "두 유 스피크 잉글리시?"라고 묻지 않고 그냥 폭풍처럼 제 할말을 지껄였다. 때로 내가 제대로 이해하지 못하면 침이라도 뱉을 듯한 표정을 지었다.

짧게 머문다면 그저 간단한 의사소통만으로 충분했겠지만, 장기 체류했던 나는 달랐다. 이따금 관공서에 갈 일이 있었는데 그때마다 일일이 주눅들곤 했다. 동네 도서관에 회원 등록하는 사소한 일조차 한 주간 끙끙 앓을 정도의 스트레스였다.

특히, 나는 언어로 먹고살았던 사람이었기에 내가 데데하게 말할 수밖에 없다는 사실이 못내 수치스럽고 답답했다. 한국에서 나는 요설가에 농담꾼이었거늘 그곳에서는 말재간을 부리기는커녕 누군가 말을 시작하면 온 신경을 다해 집중해서 알아듣기에도 바쁘니 여간 피곤한 게 아니었다. 기껏 입을 열면 위트 넘치는 고상한 표현이 나오기는커녕, 초등학생 수준의 어휘만 쏟아내고 있으니 나 자신이 한심했다.

매 순간이 듣기평가 같았고 모든 사람이 영어 선생님 같았다. 런던은 모든 체류자를 어학연수생으로 만드는 기묘한 땅이었다.

4. 혼자

앞의 세 가지가 외부적인 요인이었다면, 마지막은 나 자신의 문제였다. 나는 뭔가를 '혼자' 해본 경험이 지독하게 부족했던 거다. 아는 사람 하나 없는 런던에 와서, 텅 빈방에서 홀로 일어나 하루 일정을 짜고 허위허위 나가 어딘가를 둘러보고, 밥도 혼자 먹고 장도 혼자 보고 역시 텅 빈방으로 혼자 돌아오는 이 생활이 너무도 낯설었다. 오직 혼자라는 사실 때문에 식당에 가서 주문을 하고 음식을 기다리며 뭘 해야 할지도 모르겠고, 시선을 어디

뒤야 할지도 모르겠고, 밥을 먹어도 맛있는지 몰랐다. 어떤 날은 종일 음식 주문할 때 외에 단 한마디 안 한 적도 있었다.

나는 태어나 처음 겪는 깊은 고독감에 어찌할 바를 몰랐다. 여행을 왔으니 의욕적으로 돌아다녀야 하는데, 곁에 아무도 없으니 삶의 모든 기틀이 뒤흔들리는 기분이었다. 사실 런던은 개인주의자들의 도시라서 혼자 놀거리가 천지고 모두 혼자서 잘만 다니는데, 나는 동행인이 없다는 이유만으로 아무 의욕도 안 생기고, 식욕조차 상실했다. 그렇게 우울감은 더욱 깊어져갔다.

5. 자괴감

위에 열거한 이유로 런던 생활이 생각만큼 기쁘지 않자, 더 큰 번뇌가 밀려들었다. 나는 왜 이 여행을 구상했던가? 무채색 인생에 빨주노초파남보 무지개 같은 변화를 맞이하고 싶어서가 아니었던가? 지금까지와는 다른 노선의 행복을 찾고 싶어서가 아니었던가? 그걸 위해 큰 리스크를 감내하고, 많은 돈을 들이고, 손에 쥐고 있었던 걸 상당수 내려놓았다. 그리고 이게 얼마나 축복받은 선택인지, 부러워하는 사람이 얼마나 많은지, 내가 얼마나 이 순간을 누려야 하는지도 알고 있었다.

그런데 그런 내가 불행하다니! 하나도 즐겁지 않다니! 나는 그게 제일 힘들었다. 몇 년을 이날만 바라보며 살아왔다. 여기는 나의 유토피아여야 했다. 하지만 조금도 기쁘지 않았다. 여기마저 행복하지 않다면 내가 어디로 가야 행복할까, 결국 나는 어디던져놔도 불평거리만 만드는 사람인가, 내 그릇은 간장 종지만한 건가, 복에 겨워 깨춤을 추고 있는 건가. 이 모든 생각이 나를 괴롭혔다. 가장 해서는 안 되는 생각이 저 마음 밑바닥에서 둥실 떠오르는 것이 무서웠다. '괜히 왔다'는 생각이 드는 게 정말이지 무서웠다.

구호의
손길

그렇게 추위에 질리고 고독감에 쓸리고 우울에 몸부림칠 때, 남
유럽의 햇살을 담뿍 담은 친구 한 명이 나타났다. 나보다 먼저 한
국을 떠나 스페인과 포르투갈을 여행하던 노난이 나를 보러 런
던으로 날아왔다.

　노난은 그동안 빛나는 햇살 아래 명랑하고 쾌활하며 다소 허
술한 사람들 틈에서만 생활해 그런지, 영국은 입국 심사가 까다
롭다고 내가 몇 번이나 강조했는데도 그 말을 허투루 듣고 별다
른 준비 없이 입국하다 결국 심사관에게 걸려서 고초를 겪었다.
심사관이 노난에게 스페인에 갔던 목적이 뭐냐, 왜 이리 오래 있
었느냐고 자꾸 캐묻자, 당황한 노난이 "플라멩코를 배우러 갔다"
고 되는 대로 대답했더니, 그가 "플라멩코가 뭐냐"고 되물었단다.
그래서 노난은 차가운 공항 바닥에서 딱딱 손가락으로 박자를
맞추며 되도 않는 플라멩코를 시연해 보이고 겨우 입국할 수 있
었다.

노난을 마중하러 베이커 스트리트로 향했는데, 그날 역시 차가운 부슬비가 내리는 우중충한 날이었지만 전처럼 암담한 기분은 아니었다. 설레기도 했고 궁금하기도 했다. 과연 만날 수 있을까. 여기가 평소 만나던 인사동도, 가로수길도 아닌 런던 베이커 스트리트인데 우리가 정말 만날 수 있을까. 마침내 공항버스가 멈추고 몇 달간 머리를 자르지 못해 존 레논 머리를 한 노난이 경쾌하게 뛰어내렸을 때, 나는 런던에 도착한 후 처음으로 까르르 웃음을 터뜨렸다. 친구였다. 그토록 그리웠던 나의 친구!

　노난은 내 숙소 인근 플랫에 둥지를 틀고, 장기여행 선배답게 내게 수없이 많은 것을 전수해줬다. 처음으로 단독 여행과 독립 생활을 시작했던 내 삶이 그간 얼마나 피폐했는지 노난이 오고 나서야 알게 됐다.

　우리 동네에는 냉동식품을 주로 파는 막스 앤 스펜서와 신선한 식재료가 많은 웨이트로즈, 이렇게 두 상점이 있었는데 당연히 나는 막스 앤 스펜서만 다녔다. 요리를 전혀 할 줄 모르는 내게 마블링이 선연한 빨간 고기나 푸릇푸릇 신선한 채소는 냉동피자 한 쪽만도 못했으니까. 하지만 노난은 이런 나를 앞세워 웨이트로즈로 향했고, 그곳이 얼마나 요리인의 천국인지 알게 해줬다.

　잘게 썬 채소를 물에 훌훌 헹궈 드레싱만 뿌리면 맛난 샐러드가 되고, 핑크빛 연어 몇 덩이에 통후추를 뿌려 굽기만 해도 연어 스테이크가 되고, 양파만 잘게 썰어 볶아도 달달한 밥반찬이 된다는 사실을 알게 해줬다. 이런 세상이 있다니! 그동안 나는 신선한 풀이 넘쳐나는 초지를 곁에 두고 마른 여물만 뜯은 거나 마찬가지였다.

우리는 함께 잡화점을 돌며 앞으로 쓸 나의 요리 세간인 속 깊은 프라이팬, 각종 드레싱, 기본양념 등등을 잔뜩 사들였다. 좁은 부엌에 나란히 서서 고기도 굽고 파스타도 삶고 와인도 따고……. 늘 냉동식품을 데워 한끼 때우기 급급했는데, 자신을 위해 식탁을 차리는 행위가 이렇게 즐겁다는 걸 그때 처음으로 느꼈다.

그렇게 '혼자 살기'를 가르쳐준 노난은 '혼자 놀기' 역시 전수해줬다. 독서나 음악감상 같은 사소한 일도 분위기 좋은 카페에서 하기, 너른 천 한 자락 공원에 펼쳐놓고 누워 낮잠 자기, 쉽게 등록할 수 있는 취미 관련 수업 듣기, 카우치서핑www.couchsurfing.org이라는 웹사이트를 통해 친구 만들기 등등. 워낙 집에 있길 좋아해 좀처럼 나다니지 않고, 특히 '혼자' 나다니는 데 전혀 취미가 없는 날 집 밖으로 끄집어내준 거다.

그리고 후에 자신이 돌아가고 없을 때도 내가 예전 모드로 돌아가 퍼져버리지 않도록, 앞으로 매일매일 해야 할 일을 목록으로 만들어줬다. '매일 맥주 한 캔씩 마시기'와 '매일 요리 하나씩 해 먹기'가 포함된, 풍류와 웰빙이 공존하는 노난의 리스트. 이 리스트 덕에 노난이 떠난 후에도, 남은 여행을 흥겹고 건강하게 해낼 수 있었다.

우리는 폭풍처럼 이곳저곳 쏘다니고, 볼이 붉어지도록 맥주를 수십 파인트씩 마시며 즐거운 시간을 보냈다. 무기력감에 여행 의욕마저 상실했던 나였지만, 벗의 방문에 괜히 여행가이드 마인 드가 발동해서 런던의 이모저모를 보여주느라 애썼고 덕분에 잃 었던 의욕을 되찾았다. 함께 다니니 모든 것이 새롭고 즐거웠다. 그렇게 밉고 싫었던 런던이 예뻐 보일 지경이었다. 이 무채색의 도시에 친구가 한 명 더해진 것만으로 모든 것이 컬러풀해졌다. 내가 여행을 오긴 왔구나. 이제야 실감이 났다.

마요르카,
마요르카,
마요르카

노난과 함께할 수 있는 시간이 어느새 일주일 남짓밖에 남지 않았다. 노난은 런던에서 나를 만나고 한국으로 귀국하는 일정이었다. 곧 긴 작별을 해야 하는 지금, 특별한 계획을 구상하다 이 춥고 음침한 도시에만 갇혀 있을 게 아니라 함께 어딘가로 떠나는 게 좋겠다는 생각이 들었다.

그간 남유럽의 태양에 대한 찬사를 늘어놓고 거기에서 찍어온 사진을 보여주면서, 노난은 이 모든 것을 실제로 보여줄 수 없는 걸 안타까워했고, 나 역시 현실로 누릴 수 없는 게 너무 아쉬웠다. 그렇다면 바로 지금, 함께 떠나자! 짧게라도 함께 스페인에 다녀오는 거야! 이건 순전히 나라간 이동이 손쉬운 유럽에서나 가능한 계획이었다.

기왕 휴양하러 갈 거면 햇살과 바다를 모두 누릴 수 있는 곳으로 가자는 생각에 우리는 지중해에 위치한 섬 마요르카를 택했다. 비행기니, 현지 교통편이니, 숙소니 알아보기가 번잡했던 우리는 이 모든 걸 한번에 해결할 수 있고 가격도 저렴한 한 영국 여행사의 패키지 상품을 선택했다.

웹사이트가 잘되어 있어서 예약하는 게 그리 어렵진 않았다. 머리를 맞대고 리조트를 정하고, 카드 번호를 기입하고, 이름과 생년월일을 쓰고…… 그렇게 잘되어가던 중 별로 중요하지 않으리라 생각했던 집 주소를 대충 적었더니 돌연 에러 메시지가 떴다. 하지만 노난이 로밍해온 한국 휴대전화로는 카드 결제가 완료됐다는 문자가 왔고, 우리는 패닉 상태에 빠졌다. 손에 쥔 것은 없는데, 돈은 나가버린 상황!

당황한 우리는 여행사에 문의 메일을 여러 통 보냈지만 전화하라는 답장만 왔고, 한국 카드사에 문의했더니 거래한 회사에 직접 문의하라는 대답만 돌아왔다. 다른 방법이 없었다. 공포의 전화 상담만이 남았다.

우리는 각자 땀을 1리터씩 흘리며 여행사 전화 상담원과 영어로 릴레이 통화를 했다. 전화 상담 업무는 인도인이 많이 한다는 이야기를 얼핏 들었는데, 우리의 상담원도 뚝딱거리는 독특한 발음으로 안 그래도 벅찬 대화를 더욱 어렵게 했다.

런던은 이런 류의 시스템이 그리 선진화되지 않아서 모든 게 무척 오래 걸렸다. 부서에서 부서를 옮겨 상담원을 세 번이나 바꿔가며 마라톤 상담을 거친 끝에, 우리는 건오징어처럼 바짝 말라서 겨우 예약을 확정할 수가 있었다. 얼굴 보고 하는 영어도 힘든데 묘한 억양의 상담원과 통화하는 건 정말 지옥코스였다.

하지만 마침내 그들은 이미 결제가 완료된 우리의 상황을 인정했고, 3박 4일 예약이 확정되었다며 일곱 자리로 된 예약번호를 불러줬다. 일전에 집을 계약할 때 달랑 집주인 전화번호만 알고 가서 난항을 겪었던 나는 겁을 먹고 "이 번호로 다 되는 거냐? 정말 공항 가서 이 번호만 대면 되는 거냐?" 하고 수없이 물어봤는데, 상담원은 그렇다고, 틀림없다고 대답했다. 그럼에도 나는 불안했다. 모든 것이 깔끔하지 않았기에. 내가 가진 것은 일곱 자리 숫자뿐이기에.

마침내 다가온 여행 당일, 비행기 출발 시간은 하필 새벽 6시 반이었고 공항버스를 타려면 풀햄 브로드웨이라는 낯선 곳까지 가야 했다. 처음 타보는 심야버스는 안내방송마저 나오지 않았다. 얼굴에 표정이라곤 없는 싸늘한 운전기사에게 풀햄 브로드웨이에서 내려야 하니 도착하면 알려달라고 말은 해두었지만, 그 냉혈한이 도무지 알려줄 것 같지 않았다.

어둑한 밤거리를 달리며 거리 이름에 온 신경을 집중하다 아무래도 다 온 것 같아 기사를 쳐다보니, 보일락 말락 엄지손가락으로 길을 가리키고 있었다. 아주 미세한 몸짓이었다.

아직 여행이 본격적으로 시작되지도 않았는데 공항버스로 갈아타자마자 긴장이 풀려서 둘 다 그대로 잠에 빠져들었다. 뿌연 유리창에 머리를 찧으며 한참 자다 깨니 벌써 공항이었다. 떨리는 마음으로 우리 여행사 데스크를 찾아가 더듬더듬 예약번호를 말하니, 별다른 확인도 없이 아주 간단하게 티켓을 내어줬다. 그 티켓 안에 모든 게 포함되어 있다고!

마요르카에 도착해서는 티켓을 보여주고 공항 앞에 대기한 셔틀버스를 타고 리조트로 가기만 하면 되고, 돌아올 때도 그 티켓으로 셔틀버스를 타고 공항으로 와서 비행기만 타면 된단다. 정말 예약이 잘 이루어진 거였다! 우리는 과도하게 흥분해서 표를 자세히 들여다볼 생각도 안 했다. 오직 '영국 만세, 스페인 만세'만을 부르짖었다.

태어나 처음 타보는 저가항공은 정말이지 시장통 같아 어수선하기 이를 데 없었지만 그래도 즐겁기만 했다. 스튜어디스가 햄버거 좀 사라고 돌아다니며 권하는데, 고상하고 우아한 우리나라 스튜어디스와 비교하니 웃음이 나왔다.

소란스러운 가운데 얼마간을 날아 마요르카에 도착해 공항 밖으로 나가니, 그토록 그리웠던 햇살이 정수리에 마구마구 쏟아져 내렸다. 런던의 하늘이 단조라면 스페인의 하늘은 장조였다. 같은 유럽인데 이렇게 누릴 수 있는 일조량이 다를 수가 있나? 남유럽 사람들은 세금을 더 내야 할 것 같은 생각까지 들었다.

공항 앞에 대기한 셔틀버스를 무사히 타고 한 시간 남짓 달려 리조트에 입성했다. 바다를 끼고 선 아름다운 리조트였다. 곁의 섬 이비자와는 정반대로, 마요르카는 노인들이 많이 찾는 휴양지라 우리의 리조트 역시 다소 양로원 같은 분위기를 풍겼지만, 우린 전혀 상관없이 흥겹기만 했다. 모든 노인들이 다정했고, 유쾌했고, 우리를 손녀처럼 대해줬다.

그렇게 우리는 사흘간 태양과 바다, 맥주를 만끽했다. 스페인의 '맑음'은 런던의 '맑음'과는 차원이 달랐다. 햇살이 사람을 관통할 듯 쏟아져 내렸다. 모든 것이 아름다웠다. 바에서 맥주를 시켰더니, 점원이 내가 어려 보인다며 "빨대 줄까?" 하고 귀여운 농담을 던지기도 했다. 낯선 사람에게 농담을 건네는 이 따뜻한 분위기! 생선 토막 같은 런던 사람들에게 치여 얼어붙었던 내 마음이 해동됐다.

햇살은 따스하지만 아직 봄이라 물에 들어가긴 정말 무리였지만, 심근경색을 일으키더라도 물에 몸을 담그리라는 각오로 리조트 풀에 뛰어들었다. 그 큰 풀에서 수영하는 사람은 우리뿐이었다. 물에 좀 있다보니 점점 덜 추워지는 기분이 들었는데, 실은 추운 것도 못 느낄 정도로 몸이 굳어가는 거였다.

그럼에도 우리는 신이 나서 파란 입술로 깔깔 웃었다. 지켜보던 노인들이 용감하다며, 그 뒤에 뷔페나 로비 같은 데서 마주칠 때마다 "물놀이가 즐거웠어?" 하고 물어보곤 했다. 우리는 그들이 우리처럼 무모한 도전을 하다 불상사를 겪을까봐 손사래를 치며 "얼어붙을 듯이 추웠어요!" 하고 큰 소리로 답했다.

그렇게 먹고 마시고 고양이처럼 구르륵거리며 햇살을 즐기다 보니 어느덧 런던으로 돌아가기 전날 밤이 됐다. 비행기 시간을 확인하려고 가방 깊숙이 넣어뒀던 티켓을 꺼내보니 세상에, 우리는 내일 돌아가는 게 아니었다. 우리는 3박 4일치 돈만 내고 온 건데 7박 8일이 예약되어 있었던 것! 상담원을 바꿔가며 전화로 예약을 확인하는 과정에서 착오가 발생한 게 분명했다.

만약 우리가 아무 스케줄도 없는 여유로운 사람이라면 엄청난 행운이었겠지만, 실은 그렇지 않았다. 노난은 속히 런던으로 돌아가 한국행 비행기를 타야 했고, 나는 집세를 내야 했으니 말이다. 짧은 여행이어서 집주인에게 말도 없이 왔는데, 세를 받으려고 연락을 해도 닿지 않고, 집에도 없으니 야반도주했다고 생각하면 어째!

다 떠나서 노난이 긴 여행을 마치고 몇 달 만에 귀국하는 비행기를 놓치게 할 순 없었다. 게다가 마요르카에는 런던행 비행기가 주 2회밖에 없는 상황. 내일 비행기를 타지 못하면 꼼짝없이 다음주까지 기다려야 하는 거다. 무슨 일이 있어도 내일 돌아가야 했다.

정말, 두 번 다시는 여행사와 전화로 상담하고 싶지 않았지만 방법이 없었다. 부들부들 떨리는 손으로 여행사에 전화를 걸었다. 한참 늦은 시간이라 24시간 상담원에게 전화가 돌아갔다. 예약이 잘못됐다고, 우리는 분명 3박 4일치 돈만 냈고 3박 4일로 예약했던 거라고 몇 번이나 말했지만, "어쩔 수가 없음. 그건 우리 부서 관할이 아님" 하는 심드렁한 대답만 돌아왔다.

도돌이표 같은 대화 끝에 결국 해결책은 새로운 런던행 비행기표를 사는 방법뿐이라는 결론을 내렸다. 알아보니 그나마도 겨우 두 자리만 남아 있었다. 금액은 각자 80파운드, 둘이 합쳐 30만 원 돈. 허나 방법이 없는데 별수 있나.

전화로 비행기표를 사는 과정도 쉽지 않았다. 한국 신용카드는 비자나 마스터카드 표시가 있어도 해외에서 결제가 안 되는 경우가 많아서 결국 우리가 가진 모든 카드를 꺼내놓고 하나씩 번호를 대가며 겨우 결제를 할 수 있었다. 그렇게 오밤중에 비행기 예약 확정 팩스를 프런트로 받았다. 우리는 하얗게 질려서 잠을 자는 둥 마는 둥 했다.

그러나 우리 모험은 그게 끝이 아니었다. 리조트와 공항은 섬의 끝과 끝, 꽤 멀리 떨어져 있었는데 당연히 셔틀버스엔 우리가 앉을 자리가 없었다. 우린 다음주에 돌아가는 걸로 예약되어 있었으니까. 기사가 우리를 안 태워주면 택시를 불러야 했는데 호텔에서 공항까지의 택시 비용도 만만치 않았다.

다행히 하늘이 도왔는지 그날 리조트를 떠나는 노인들이 엄청 많았고, 날씨는 전에 없이 쌀쌀해졌으며, 버스는 다소 늦게 왔고, 덕분에 노인들은 짜증이 잔뜩 난 상태였다. 지각하는 바람에 마음이 움츠러든 기사는 사람들을 버스에 태우며 감히 표 검사할 생각을 못 했고, 그 와중에 우리는 슬쩍 묻어 탔다! 그렇게 모험 같지도 않은 모험을 하고 공항에 도착해서 겨우 비행기에 탑승, 우리는 무사히 런던으로 돌아왔다.

이 모든 사건은 사실 영국 여행사의 잘못 때문인데도, 그렇게 힘들게 귀환하고 나니 런던에 도착한 것만으로도 기뻐서 '마침내 돌아왔다! 집에 왔다!' 하는 생각만 들었다. 그 햇살 쏟아지던 낙원에서 이 춥고 우울한 땅으로 돌아왔는데도 안도감을 느낀 것이다.

아, 내가 그 사이 런던에 정이 붙긴 붙은 걸까? 밉고 싫은 도시라고 생각했는데 알게 모르게 마음이 기울었던 걸까? 이런 애틋한 기분이 들자마자, 런던은 부활절 연휴라고 지하철 운행이 전면 중단되어 이미 지칠 대로 지친 우리에게 마지막 한 방을 날렸지만, 그래도 괜찮았다. 우리는 커다란 짐가방을 들들들 끌며 여러 번 버스를 갈아타고 힘들게 집에 왔다.

시작도 난항이었고 끝도 역경이었던 우리의 마요르카 여행. 그 후유증으로 얼마간 퍼져 있다 곧 마음을 가다듬고 여행사에 항의 메일을 보냈다. (전화하는 방법도 있었지만, 왜 안 했는지는 따로 설명할 필요가 없을 것 같다.)

"나는 분명 3박 4일을 예약했고 몇 번이나 확인했다. 녹취된 통화내용을 들어봐라. 너희 때문에 우리는 휴가를 망쳤다" 운운. 단호한 어조로 메일을 써서 보냈는데 한참 만에 돌아온 답장에는 "너희는 분명 7박 8일을 예약했다. 왜 공항에서 표를 확인해보지 않았나?"라는 심플한 메시지만 들어 있었다.

"너무 흥분해서 그랬다!"며 어이없는 이유를 대고, 다시금 녹취록을 달라고 요구했지만 감감무소식이었다. 결국 이 지지부진한 논쟁은 나의 한숨과 체념으로 종결되었지만, 다들 영국 땅에서 그 정도 일은 흔한 거란다. 한국에서 받았던 서비스를 기대하면 안 된단다.

어찌됐건 강렬한 여행이 되었으니 예상치 못한 80파운드의 지출과 하룻밤의 스트레스도 나쁘지 않았다. 순조로이 풀렸으면 잠깐 좋았다 말았을 여행이지만 사건과 사건이 이어졌기에 그 여행을 다시는 잊을 수 없을 것 같다. 그 모든 사건이 현지에서 우리의 행복에 전혀 방해가 되지 않았다는 사실도 신기하다.

여행사는 우리가 공항에서 티켓을 제대로 확인하지 않은 걸 탓했지만, 실제로 우리가 그 자리에서 꼼꼼하게 확인했다면 아마 당황해서 아예 떠나지 않았을지 모른다. 아니, 설사 떠났더라도 돌아올 걱정에 내내 신경이 곤두서 있었겠지.

하지만 우리는 티켓을 받자마자 손뼉 치며 바보처럼 기뻐하기만 했고, 도착해서는 가방 깊이 넣어두고 놀기에 바빴다. 그야말로 태평한 얼간이들이었다. 당장 내일 귀국할 비행기표가 없는지도 모르고 최후의 저녁까지 잔을 부딪치며 맥주를 들이켰던 우리. 그 대책 없는 낙관의 여행을 다시 떠나고 싶다.

두 갈래의 마음

어둑한 저녁 거리를 헤매다
늦도록 일하는 사람을 보게 됐다

멍~

나도 저렇게 일했던 때가 있었지…
해방감 비슷한 감정과

난
이제
자유라고
!!!

야근할
필요가
없지!

부러움 비슷한 감정이 동시에…

하지만
이제

누구도 날
필요로 하지
않지… ㅇㅇ

사소한
작별

정신없는 여행을 끝으로 노난이 떠났다. 낯선 땅에서, 생애 처음 겪는 강렬한 고독에 괴로워하던 나를 구해줬던 친구. 그 큰 존재의 상실임에도 작별은 대수롭지 않게 하기로 했다. 호들갑스럽게 헤어지면 꼭 다시는 못 볼 사람 같으니까. 내가 남은 일정을 마치고 돌아가면 약 반년 후에나 다시 보게 되겠지만 그래도 내일 다시 볼 사람처럼 헤어지기로 했다. 그래야 내 허전함도 덜할 것 같았다.

마지막의 마지막까지 시시한 농담을 주고받으며, 우리는 악수도, 포옹도 없이 별일 아니라는 듯 작별했다. 원래 혼자였고, 친구가 와서 잠시 둘이 됐지만, 결국 다시 혼자가 됐다. 그래도 처음의 혼자와 지금의 혼자는 다른 것 같았다. 이제 혼자서도 남은 날을 잘 버텨낼 수 있을 것 같았다. 고마웠던 나의 친구. 몇 주 전 베이커 스트리트에서 마법처럼 만났듯 다음엔 서울 어느 거리에서 요술처럼 만나자.

디지털
여행자

여행을 준비하며 가입한 여러 온라인 커뮤니티에서, 나처럼 장기 여행을 구상하는 사람들이 이런 질문을 던진 걸 본 적이 있다.

"노트북 꼭 가져가야 하나요?"

나는 그림 작업도 해야 하고, 글도 써야 하고, 홈페이지도 꾸려야 하고, 아니 다 떠나서 인터넷이 없는 삶은 상상도 할 수 없었으므로 노트북을 가져가는 건 필수였다. 그렇기에 그런 질문을 할 수 있는 사람들이 조금은 부러웠다. 정말이지 자신을 붙드는 실오라기 하나조차 다 끊고 떠나려는 것 같아서. 그것이 진정한 여행인 것 같아서.

여행을 준비할 때의 나는 온종일 읽는 활자라곤 인터넷의 텍스트가 99퍼센트인, 그야말로 프로 네티즌이었는데, 사실은 그런 나 자신에게 조금 진력이 난 상태였다. 그래서 노트북을 구입하고서도, 그걸 짊어지고 가야만 안심이 되는 자신이 한탄스러워 크게 정이 가지 않았다. 보통 가전제품을 사면 초기 몇 주는 마음을 홀딱 빼앗겨 품고 다니다 못해 이름까지 붙여주는 내가 노트북만은 사고 나서도 한참을 열어보지도 않았고, 출국 전날에야 간신히 빼꼼 들춰서 꼭 필요한 프로그램만 몇 개 설치했을 정도니까.

하지만 막상 연고 하나 없는 외국에서 장기체류를 하게 되니 상황은 딴판이었다. 컴퓨터가 없는 삶은 상상도 할 수가 없었던 것이다. 런던에 머물면서 가장 좌절했던 순간은 낯선 거리에서 길을 잃었을 때도, 큰맘 먹고 주문한 음식맛이 형편없었을 때도, 상점에서 불친절한 직원을 만났을 때도 아닌, 단지 인터넷 연결이 안 됐을 때였다.

비행기에서 밥을 몇 끼나 먹으며 이 먼 구라파까지 날아와 허벅지가 벌겋게 익도록 노트북을 얹고 살다니 한심해 보이는가? 하지만 지금은 21세기다. 모든 정보는 인터넷에 있었고 인터넷이 없다면 알 수 없는 일투성이였다.

인터넷이 없으면 당장 주말인 내일 지하철 어느 노선이 쉬고, 어느 노선이 운행하는지 알 수 없다. 런던 교통정보 사이트에 들어가 원하는 곳으로 가는 루트를 파악할 수도 없다. 인터넷이 없으면 이지젯이니 라이언에어니 하는 저가항공 사이트에 떨이로 나온 2파운드짜리 티켓을 노려볼 수가 없다. 인터넷이 없다면 라스트 딜 사이트에 반값으로 나온 뮤지컬 티켓을 구할 수가 없다. 인터넷이 없으면 어떤 미술관이 어느 요일에 공짜인지 알 수가 없다. 인터넷이 없으면 검트리▨에 올라온 방을 렌트할 수가 없다. 인터넷이 없으면 그리운 가족과 화상통화를 할 수가 없다. 한인 슈퍼 위치도 알 수 없어 너구리 한 마리도 몰고 갈 수가 없다. 인터넷, 인터넷, 인터넷이 지배하는 세상인 것이다. 특히나 현지 정보가 0에 수렴하는 여행자일 경우는 더더욱 이 문명의 이기를 한껏 활용해야 하는 것이다.

물론 여러 도시를 이동하고, 오지 여행을 선호하는 사람이라면 노트북 따위는 수통 하나만도 못한 짐덩이겠지만 '한곳에 오래 머물 사람'이라면 노트북이나 넷북은 필수라고 말하고 싶다. 괜한 낭만에 빈손으로 왔다가는 집도 못 구해, 길도 못 찾아, 뭘사도 바가지를 쓸 가능성이 높다.

더불어 나는 장기여행자에게 블로그 활동도 권하고 싶다. 기록하지 않은 과거는 결국 소실된다. 여행에서의 이 귀한 시간이, 마치 애초부터 없었던 것처럼 사라지지 않도록 우리는 꼬박꼬박 글로 남겨야 한다. 그런 의미에서 서너 명의 지인이라도 나의 글을 기다려주는 독자가 있다는 건 큰 동기부여가 된다. 또 조금 얄팍한 이유지만 글로 매일을 기록하고 일상을 다소 미화하며, 떠나지 못한 이들에게 잘난 척하며 얻는 쾌감도 있으니까.

▨ 검트리 www.gumtree.com
영국의 온라인 생활정보 사이트로, 여행객을 위한 숙소 정보나 물품 판매, 아르바이트 정보 등을 공유하는 곳이다.

다시 말하지만, 장기여행자여, 컴퓨터에 의존하는 것을 구차하다 생각하지 말고, 궁금한 것이 있으면 주저 없이 구글링을 하고 조금 낯간지러워도 깨알 같은 여행통신을 남겨라. 그것이 당신의 여행을 더욱 풍요롭게 해줄 테니. 문명의 이기는 한껏 활용해야 하고, 네 맛도 내 맛도 아닌 음식엔 조미료라도 넣어야 한다. 아날로그만이 여행의 참맛은 아니니까, 우리는 디지털 세상을 활용해야 한다.

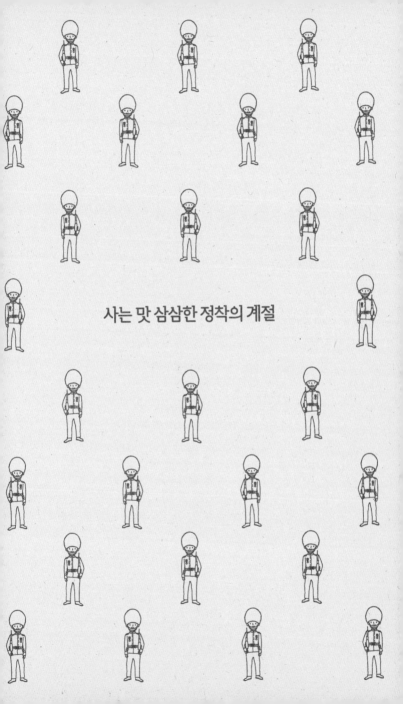

사는 맛 삼삼한 정착의 계절

펍은 늘
열려 있다

런던 하면 빼놓을 수 없는 장소가 바로 펍^{Pub}이다. 영국에 가면 반드시 펍에 가봐야 한다, 영국의 대표적인 문화가 펍 문화다, 펍에 가보지 않으면 영국에 가본 것이 아니다 등등 펍을 칭송하는 말이 너무도 다양하고 찬란해서 나는 오히려 처음엔 조금 겁을 먹었다. 펍이라는 곳이 굉장히 특수한 공간처럼 여겨졌기 때문이다.

그리고 펍이라는 장소를 실제로 대하니 어디나 다소 폐쇄적인 분위기를 띠고 있었다. '영국인들의 전통적인 사교 공간'이라는 그들만의 리그 같은 기본 정보도 그렇고, 세월이 느껴지는 나무벽과 높이 매달린 중세풍의 간판, 내부가 보일 듯 안 보일 듯 어둑한 유리창으로 이루어진 외양마저도 그랬다. 유치한 글씨체로 쓴 간판이 번쩍이고 유행가가 입구부터 터져나오는 우리나라 호프집과는 느낌이 사뭇 달랐다.

어느 펍이나 일관된 이 다소 배타적인 분위기는 과연 나 같은 이방인이 저 두꺼운 나무문을 밀고 들어서도 될 것인가 고민하게 했다. 가끔 창문에 크게 붙은 축구 빅매치 공지조차, 오프사이드도 잘 모르는 나 같은 비축구인이 과연 저곳에 입장해도 될 것인가, 하고 망설이게 만들었던 것이다. 확실히 펍은 말간 유리창 너머 속이 빤히 보이는 카페와는 달랐다. 조금 더 비밀스럽고, 닫힌 공간에, 때로는 음습해 보이기까지 했다.

그래서 처음에 살았던 재키의 집 바로 코앞에 그럴듯해 보이는 펍이 있었는데도 늘 근처를 서성이다 발길을 돌리곤 했다. 당시 나는 런던에서 제일 존재감이 희미하고 하찮은 사람인 듯한 기분에 빠져 있었으니까. 더군다나 나는 혼자. 이 미약한 자존감으로 난생처음 가보는 펍에 홀로 들어가 원하는 맥주를 주문할 수 있을지 도무지 자신이 없었다. 유령같이 부유하던 내가 저들만의 성지에서 연기처럼 스러져버리면 어쩌나 무서웠다. 동네 탐험이랍시고 근방을 마구잡이로 돌아다니면서도 펍 앞에서는 성냥팔이 소녀처럼 부러움과 두려움이 섞인 눈으로 내부를 할끔할끔 훔쳐보기만 했다.

그러다 처음으로 발을 들여놓게 된 건 새로 이사한 집과 가장 가까웠던 펍, '올드 스위스 코티지'였다. 구라파 동무 노난의 런던 입성을 축하하려고 방에 짐을 부려놓자마자 펍으로 향했던 것이다. 나에겐 그토록 바랐던 동행인도 생겼고, 귀한 벗을 만난 이런 날까지 겁을 먹어선 안 되니까 마음 밑바닥의 모든 용기를 그러모아 문을 밀어젖혔다.

펍에 들어선 순간 생각했다. '그간 왜 그렇게 펍을 무서워했지?' 그곳은 그야말로 동네 주민의 사랑방 같은 공간이었다. 백발 손님들이 많아 노인정 분위기까지 풍겼다. 푹신한 카펫에 대충 놓인 의자, 밝지도 어둡지도 않은 조명, 고요하지도 시끄럽지도 않은 이야기 소리. 밖에서는 그렇게도 폐쇄적으로 보이던 공간이 막상 들어서니 참으로 아늑했다. 아니, 어쩌면 그 폐쇄성이 아늑함을 더했는지도 모르겠다. 처음 온 나도 마치 단골처럼 의자 깊숙이 파고들게 했다. 낯선 점원에게 맥주를 추천해달라고 살갑게 말을 붙일 정도로 마음이 노곤하게 풀어지더라 이거다.

그렇게 발을 들이기 시작한 펍, 나중에는 혼자서도 책 보러, 밥 먹으러, 사람 만나러, 일정 짜러, 글 쓰러, 그림 그리러 등등 수도 없이 많은 소소한 이유로 찾게 됐다. 낯선 동네를 헤매다 배가 고프거나 목이 마르면 무작정 펍을 찾았다.

끼익 두꺼운 문을 열고 앉을 자리가 있나 대충 파악하고 곧장 바Bar로 간다. 메뉴는 어딜 가나 비슷한데, 그중 가장 무난한 메뉴는 고기 파이. 치킨 파이니 비프 파이니 키드니 파이니 셰퍼드 파이니 대충 마음에 드는 파이를 시켜놓고 죽 늘어선 드래프트 비어 코크 중 마음에 드는 것을 손가락으로 가리킨다. 점원은 신중한 손길로 맥주를 따라주고 그의 손에 동전 몇 닢을 건넨다. 그가 넘겨준 넘칠 듯 아슬아슬한 맥주잔을 두 손으로 소중히 받아들고 생크림 같은 거품을 슬쩍 핥으며 아까 봐둔 자리로 간다. 엉덩이를 붙이자마자 목구멍을 열고 맥주를 들이부으면, 어쩌나 부드럽고 고소하고 시원한지 바닥이 보일 때까지 단숨에 마셔버리고 싶은 욕망까지 든다. 누가 보건 말건 "크아!" 하는 감탄사가 절로 나온다.

사실 한국에서의 나는 취하는 것을 좋아했지, 술맛 자체를 좋아하진 않았다. 좋아하는 술로는 늘 맥주를 꼽았는데 그건 그나마 맥주가 쓴맛이 덜해 마시기 사납지 않아서 좋아했던 것이다. 말하자면 '그나마 마실 만한 술'이 맥주였다고나 할까?

하지만 런던에 와서 나는 맥주의 맛을 알게 됐다. 그 향기로운 금빛 액체의 축복을 진실로 받아들이게 된 것이다. 커피값이나 맥주값이나 비등비등하고, 1파인트 570cc로 딱 기분좋을 만큼 취하게 만들어주는데다, 대낮부터 맥주잔을 기울여도 누구도 뭐라 하지 않는 그 도시에서, 나는 수도 없이 많은 펍에 발길을 멈췄고 수도 없이 많은 맥주를 들이켰다. 그리고 그때마다 일일이 행복했다.

사람들이 흔히 커피 맛과 향을 품평하며 흠을 잡기도 하고 환희에 젖기도 하는 것을 보고 커피 맛을 모르는 나는 늘 부럽기만 했는데, 런던에서 마침내 나도 주력 분야가 생겼다. 맥주의 맛을 가릴 수 있는 사람이 된 것이다. 이렇게 감각이 섬세해진 분야가 생기면 삶이 배로 풍성해진다. 이것은 펍이 나에게 준 선물. 펍에 자연스럽게 드나들게 된 그때, 나는 아직 런던을 사랑하진 않았지만 적어도 펍만은 사랑하게 되었다.

문득,
아침

런던 북서쪽의 오래된 대형 플랏 한구석에 내 방이 있었다. 서울과는 8,800킬로미터 거리. 아침마다 잿빛 커튼을 찢을 듯 햇살이 비집고 들어와 잠을 깨운다. 잠이 깬 듯 덜 깬 듯 어룽어룽한 가운데 나는 분명히 가족들이 내는 소리를 들었다.

엄마가 그릇에 촤르륵 시리얼을 쏟는 소리를 들었고, 아빠가 부스럭 신문을 넘기는 소리를 들었고, 동생이 세면대에 치약 거품을 뱉는 소리를 들었다. '몇시지? 회사 가야 하는데……' 하며 눈을 뜨니 희멀건 낯선 천장이 보인다. 컴퓨터가 부팅되듯 눈을 끔뻑이며 내가 지금 어디에 있는지 데이터를 모은다. 사방은 고요하다.

난 이렇게 이역만리 떨어진 가족들의 생활 소음, 아니 환청을 들으며 수도 없이 잠에서 깼다. 런던 생활이 몇 달이나 지났을 때도 가끔씩 이런 아침이 찾아오곤 했다. 근 삼십 해를 들어왔던 소리라 고막 어딘가 영구저장이 되어 때때로 자동재생이 되나보다.

이렇게 잠에서 깨면 외롭다거나, 돌아가고 싶다거나 하는 생각이 들 법도 한데 의외로 그렇진 않았다. 언제고 다시 들을 수 있는 소리고, 지금도 서울에선 저 소리가 날마다 들리고 있을 테니 말이다.

가족이란 이렇게 멀리 떨어져 있어도 강력한 유대로 묶여 있는 존재인가보다. 조금 그립고, 다소 애잔한 마음이 들긴 해도 고립감까지 엄습하진 않았다. 결국 나의 여행이란 유한한 것이기 때문이었다. 출발한 곳이 있고, 다시 돌아갈 곳이 있는 여행이었다. 돌아갈 곳이 없다면 그것은 그저 방랑 아닌가.

결국 내가 어디에 있건 나의 가족들은 그곳에 늘 같은 모습으로 있을 것이고, 나를 반겨줄 것이다. 물론 나도 돌아가는 즉시 1초의 서먹함도 없이 그 풍경에 녹아들 것이다. 그렇기에 아스라한 환청으로 깨어난 그런 아침에도 나는 하나도 슬프지 않았다.

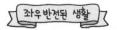

좌우 반전된 생활

거리에서 버스를 기다리고 있으면

나만 남들과 반대편을 보고 있다

영국은 차들이 우리와 반대로
좌측통행 하거든

으잉?

끼이익

언제쯤
익숙해질까

눈에 띄는
사람들

런던에서 돌아다니며, 서울에서는 상대적으로 눈에 덜 띄던 사람들을 많이 보았다. 버스에는 늘 어린 아기를 유모차에 태운 어머니가 서넛 있었고, 유명 미술관이나 박물관에는 노인이 많았고, 거리에는 목발을 짚거나 휠체어를 탄 사람이 자주 보였고, 어느 커뮤니티에나 동성애자가 있었다. 한국에서는 늘 소수에 불과했던 사람들이 그 땅에서는 상당히 높은 비율로 존재했던 것이다.

생각해보니 사실 영국이 한국보다 아기 엄마나 장애인의 비율이 유독 높을 리가 없다. 이는 어디까지나 그들이 세상 밖으로 나오느냐 그러지 못하느냐, 내 눈에 보이느냐 보이지 않느냐의 문제였다.

아기 엄마라고 외출하고 싶지 않을 리가 없고, 노인이라고 탑골공원에만 가고 싶지 않은 게 당연할 거다. 장애인도 집 안에만 있고 싶진 않을 거고, 동성애자도 숨고만 싶진 않을 거다. 하지만 한국에서는 현실적으로 그렇지 못하기에, 다들 저마다의 공간으로 숨어들어가고 소위 '보통 사람'의 세상에서 그들은 소외된다.

'서구 사회에 대한 막연한 동경'을 경계하는 뜻에서, 이 땅에서 마주한 소소한 것에 감탄하면서도 '과연 이것이 선진국이구나!' 하는 생각만은 하지 않으려 했지만, 이 부분에선 그런 생각이 안 들 수가 없었다. 사회적 약자와 소수자에 대한 배려가 대기를 감싼 이곳이 선진국이었다.

런던 하면 떠오르는 이층버스, 이 빨간 버스만 보아도 바닥이 나지막해 유모차나 다리가 불편한 이가 오르내리기에 충분했고, 중간에 유모차를 위한 충분한 공간이 있어서 누가 서 있다가도 아기를 데리고 다니는 사람이 타면 미안하다며 비키는 게 일반적인 모습이었다. 미술관 지하식당에는 백발노인들이 차를 마시며 두런두런 예술을 이야기하고, 대형 마트에는 휠체어를 타며 끌기 편한 특수 카트가 비치되어 있었다. 당당하게 동성 애인을 소개하는 사람들을 마주하면서, 나는 아직도 동성애 '찬반' 토론을 하는 우리 사회를 돌아봤다.

차별하지 않고, 타자화하지 않고, 없는 사람인 양 모르는 척하지 않고, 그저 '보통 사람'의 범주에 모두가 속하는 세상이 되었으면 좋겠다. 모두가 자기를 드러내며 한길을 자유로이 다니는 세상이 되었으면 좋겠다. 나는 런던에서 이런 생각을 했다.

칭찬받고
싶어요

서구권 국가에 오면 자신의 많은 외모적 장점이 소실되는 느낌을 받는다. 늘씬하고 긴 다리가 자랑이었던 사람도 이곳에선 갈래머리 소녀마저 참으로 훤칠함을 알게 되고, 오뚝하게 솟은 코가 자랑인 사람도 백인들의 높다란 코에 비하면 내 코는 과속 방지턱이나 다름없다고 좌절하게 된다. 길고 진한 속눈썹이 자랑인 사람도 서구인의 빗자루같이 무섭도록 짙푸른 속눈썹을 보면 내가 졌다 싶어지고, 글래머러스한 몸매가 자랑인 사람도 그곳에선 자신이 평균치에 불과하다는 사실에 실망하게 된다.

물론 이건 어디까지나 우리의 미적 기준이 서양인에 맞춰져 있기 때문이다. 허나 현실이 그러하고, 난 그런 현실의 미풍에 빙그르르 잘도 휘돌아가는 바람개비 같은 사람이라 어쩔 수가 없었다. 지하철 창에 비친 나와 다른 이들의 얼굴을 나란히 보고 있자면, 때론 내 얼굴이 너무 밋밋해 보여서 마치 눈, 코, 입이 없는 사람 같았다.

외모는 그렇다 치자. 뭐 한국에서도 난 내 겉모양을 '받아들였지' 만족했던 건 아니었으니까. 하지만 영어를 완벽하게 구사하지 못한다는 점에서, 난 내 장점이 엄청나게 깎여나가는 기분을 맛보았다. 이는 영어 실력이 곧 능력인 사대주의적 평가를 말하는 게 아니다. 개인의 매력 문제인 거다.

한국어를 쓰는 나는 말하기를 좋아하는 요설가에 농담하기를 즐기는 재담꾼이었다. 사람에게 재미난 별명 붙이기, 특이한 표현 하기, 낯선 단어 쓰기, 유명한 말 비꼬기, 신조어 만들기 등등 말로 하는 장난은 취미이고 특기였고 삶의 재미이자 심지어 직업이었다.

사소한 농을 던지고 사람들이 웃는 것, 그것이 내게 그렇게 큰 부분인지 몰랐다. 잉글리시 라이프English life가 길어질수록, 난 언어적 기근에 시달렸다. 처음에야 영어로 기본적인 의사소통이 되는 것에도 만족했지만, 시간이 갈수록 한정된 어휘로 나를 표현하다 보니 내가 정말이지 재미없는 사람이 되는 것 같았다. 나의 재치, 말재간, 어휘력이 소거되자 나의 매력도 8할쯤 사라진 기분이 들었다.

진짜 재미난 이야기를 전하는데도 영어로 이야기하느라 늘어지고, 무뎌지고, 맥이 빠지는 것을 느끼며 얼마나 속상했는지, 이야기하는 도중에 접고 싶을 때가 한두 번이 아니었다. 재미난 이야기라고 한참 떠들었는데 상대가 웃음을 터뜨려줘야 할 타이밍에 미간을 찌푸리며 "뭐라고?" 할 때의 절망. 그러다보니 유치원 시절부터 촉새라는, 다소 불명예스럽지만 그래도 내 성향

을 잘 표현한 별명을 지녔던 내가 과묵해져갔다. 지루한 사람이
되어갔다.

이렇게 외양적으로나 내면적으로나 내가 작아지는 기분을 느
끼고 있을 무렵, 요가 클래스에 등록해서 수업을 듣게 됐다. 위의
상황적 요인과는 별개로, 좋지 않은 매트리스에서 오랫동안 자느
라 척추가 저렸던 것이다.

나는 한국에서 요가를 조금 해봤던 유경험자였는데, 강사가 오
늘이 처음인 사람 손들라고 하기에 별생각 없이 손을 번쩍 들
었다. 수업에 처음 들어오긴 한 거니까. 하지만 그게 '나 태어
나서 요가 처음!'이라는 걸로 여겨졌던 걸까? 선생님은 나를
은근히 신경써줬고 나는 더욱 열심히 했다. 수업이 클라이맥
스에 다다른 즈음, 선생님이 나를 가리키며 외쳤다. "모두 저
학생을 보세요! 아주 잘하고 있습니다! 처음 온 학생입니다,
여러분!"

매트 위에 엎드린 채 짓눌린 입술 사이로 웃음이 비시시 흘러
나왔다. 기뻤다. 외모 경쟁력은 하락했고 말재간을 부리기엔 어
휘가 부족한 나머지, 이제는 런던에서 가장 매력 없고 재능 없는
사람이 된 것 같은 기분이었는데, 누군가 나를 주목해주고 인정
해주자 스위치를 올린 듯 마음이 팟 밝아졌다.

아는 사람 하나 없는 먼 나라에 와서 혈혈단신 살다보면 새 신
을 사도 "신발 예쁘네" 해주는 사람도 없고, 미술관 한편에서 명
화를 따라 그리고 있어도 "그림 잘 그린다" 해주는 사람도 없었

다. 그래서 나는 칭찬 결핍 상태였나보다. 그토록 사소한 일이 이렇게 기억에 남을 정도로 신났던 걸 보면. 땀에 젖은 머리로 콧노래를 부르며 귀가했던 걸 보면.

여행자의
로망

예전에 집으로 모 의류브랜드의 행사 전단이 날아든 적이 있다. 교외 후미진 창고형 매장에서 열리는 부산스러운 이벤트였는데, 브랜드 소개 문구가 정말이지 우아했다. '절제된 감성, 창의적 스타일' 나는 이 카피를 읽고 이것이 바로 내 창작행위의 목표로구나, 하고 생각했다. 나는 늘 창의성을 으뜸으로 놓지만, 감성 과잉에 빠지는 것은 경계해왔던 것이다.

누구나 깊은 밤 자신만의 감상에 빠져 촉촉하고 진득한 글줄을 휘갈겨놓고, 다음날 빛나는 햇살 아래 그 글을 대해본 적이 있을 것이다. 지난밤 남발해놓은 질척이는 감상을 훤한 대낮에 마주할 때, 두 볼이 타들어가는 듯한 그 민망함. 나는 그런 식으로 다음날 아침, 혹은 1년 후의 언젠가, 10년 후의 어느 날 마주했을 때 나를 부끄럽게 할 감성 과잉의 흔적을 남기고 싶지 않다. 늘 담백하고 절제된 감성으로, 다소 건조할지라도 자신을 오롯이 바라보고 싶은 것이다.

이번 여행을 준비하면서 다양한 여행기를 읽었다. 서점 여행 서적 코너에 가면 도시 하나를 소재로 한 여행기만 해도 한 무더기가 쌓여 있었다. 그렇게 여러 여행자들의 행적을 따라가며 내가 느낀 건, 여행이란 상당 부분 자신의 로망을 실현하는 행위라는 사실이었다. '좋아하는 가수 ○○○의 음악을 들으며 거리를 걸었네' '내 생애 최고의 영화 〈○○○〉에 나온 카페를 찾아 언 발을 녹였네' '마치 드라마 〈○○○〉의 주인공처럼 컵케이크를 사들고 공원으로 향했네' 운운.

수없이 많은 저마다의 꿈, 낭만, 판타지를 실현한 글을 마주하며, 과연 이것이 타인에게도, 나 같은 독자에게도 의미가 있는지 의문스러웠다. 결국 저자들은 여행이라는 특수행위를 매개로 누구에게도 의미가 없는, 오직 자신만의 낭만을 실현하며 우리에게도 그에 동참하길 강요하는 게 아닌가. 그런 비판적인 마음으로 난 "이건 자기 일기장에나 쓸 것이지" 하고 중얼거렸다.

하지만 막상 여행을 떠나보니, 역시 여행이란 감상이 폭발하는 행위이고 깊은 밤중이 아닌 훤한 대낮에도 감성이 습윤해지는 이벤트였다. 어스름한 저녁, 좋아하는 가수의 음악을 들으며 이층버스 앞자리에 앉아 뒤로 뒤로 물러가는 잿빛 거리를 바라보다 나도 모르게 눈물짓기도 하고, 어물어물 헤매다 겨우 찾은 갤러리에서 좋아하는 화가의 그림을 발견하고 '내가 이 그림을 보기 위해 이 나라에 왔다'며 자리를 뜨지 못하기도 하고, 맑은 날 공원에 나가 아이스크림을 핥으며 내가 속한 시공간이 마법

같아 새삼 벅차오르기도 했다.

하지만 그런 와중에도 나는 늘 내 감상을 경계했다. 이는 진실이 아닌 허상, 그저 자아도취일 뿐이라고 나 자신을 비판했다. 내가 그런 순간적 감상에 사로잡혀 얄팍한 감동에 빠지는 게 싫었다. 그간 내가 그토록 비웃어온 말랑하고 촉촉한 여행기 속 주인공들과는 차별화된 여행을 하고 싶었던 것이다.

그렇게 자신을 감찰하고 꾸짖는 엄격한 여행을 하던 중, 부모님께서 유럽 여행을 준비하고 계시다는 소식이 들려왔다. 꼭 내가 런던에 있기 때문에 오시는 건 아니고 그간 내내 구상해오셨던 여행이었다. 독일, 스위스, 프랑스를 거쳐 마지막엔 내가 있는 런던에 오시는 일정. 오늘은 비행기표를 끊었네, 오늘은 어느 도시의 숙소를 예약했네, 하는 생애 첫 배낭여행을 준비하는 흥분된 메시지가 매일 날아들었다.

주로 나에게 자문을 구하는 것은 엄마였다. 단지 유럽 어느 땅에 머물고 있다는 이유로, 나는 팔자에도 없는 여행전문가가 되어 매일같이 엄마의 다양한 질문에 답변을 해야 했다. 스위스는 여름에도 서늘한지, 독일 어느 지역이 아름다운지, 전화기를 로밍해서 가는 것이 좋을지 어떨지 등등. 결국 내가 이용한 것도 포털사이트 검색 서비스였지마는 설렘 가득한 목소리로 유럽의 이모저모를 묻는 엄마에게 "내가 여행사 직원이야? 나도 몰라! 인터넷에 다 있어!" 하는 매몰찬 말 따위는 차마 할 수가 없었다.

그러던 어느 날 그 길고 긴 여행 준비과정에서 늘 침묵해왔던 아빠와 통화를 하게 됐다. 늘 담담하기만 한 아빠, 과연 아빠도 이 여행이 설레는 걸까 싶었는데 아빠가 물었다.

"너, 템스강에 가봤니?"

런던에 머무른 지 이미 석 달이 지났던 나는 처음 이 질문을 이해하지 못했다. 서울에 있으면 숱하게 한강을 넘나들게 되는 것처럼, 런던에 있으면 템스강을 수도 없이 지나치게 된다. 딱히 목적이 템스강이었던 적은 없지만, 오가며 마주한 건 셀 수 없이 많았던 것이다.

"엉? 템스강?"

"응, 템스강 근처에 가봤냐고."

"가봤다고 해야 하나, 안 가봤다고 해야 하나, 애매하네. 왔다 갔다는 많이 했지."

"그래? 거기 뭘 만한 데가 있나?"

나는 그제야 아빠의 질문을 이해했다. 수십 년간 집과 회사만 오가셨던 아빠는 요 몇 해 사이 달리기에 취미를 붙이셨는데, 소박하게는 동네 한 바퀴에서 크게는 하프 마라톤 출전까지 상당히 열을 올리고 계셨다. 공대를 졸업하고 IT업계에서 일해왔고, 소설보다는 경영서를 주로 읽는 아빠. 극장에는 일 년에 한 번 갈까 말까 하고 다녀와서는 늘 영화 제목을 틀리게 말하는 아빠. 〈무사〉를 보고 와서 〈검객〉을 보고 왔다고 말하는 아빠. 달리기는 감성이나 낭만과는 거리가 먼 무뚝뚝한 아빠다운 취미라고 생각해왔는데, 그런 아빠에게도 작은 꿈이 있었던 것이다. 고작 일주일 남짓한 런던 일정에서 하루를 빼 템스강가를 달리고 싶다는 아빠만의 로망.

내가 만약 이 이야기를, '달리기가 취미였던 나는 런던에 가서 템스강가를 달렸다'라는 문장을 누군가의 여행기에서 읽었다면, 아마 "런던까지 가서 짧은 일정 중에 하루를 빼서 굳이 템스강가를 뛸 건 뭐야. 뛴다는 행위 자체에 집중해야지 뛰는 장소가 주가 되는 건 감성 과잉 아니야?" 운운하며 비꼬았을 것이다. 하지만 곧 환갑인 아빠가, 취미라곤 달리기뿐인 아빠가 템스강변을 뛰는 상상을 하며 두근두근 설레고 계시다니 차마 그럴 수가 없었다. 처음 엿본 아빠의 소박한 낭만이 나를 움직였던 것이다.

왜 나는 그토록 남의 감성에, 나의 감성에 결벽증적으로 엄격했을까? 여행이란 결국 무미 무취의 일상을 탈출해 감성의 향신료를 듬뿍 뿌려넣는 행위인데 말이다. 먼 훗날 여행중 휘갈겼던 내 글을 돌아보고 '이건 좀 낯부끄럽다' 싶으면 어떻고, 지구 어딘가 나처럼 마음 깊은 곳에 냉소가 그득한 누군가가 내 글을 보고 "감상이 줄줄 흐르는구만" 하고 비판하면 또 어떠냔 말이다. 중요한 건 지금의 내 기분, 내 감성일 텐데. 난 그에 빠져들려고 떠나왔는데.

그날의 대화 이후 나도 그저 자신의 낭만에 마음을 맡기고 냉소적인 자기비판 따위 일절 하지 않기로 했다. 그전까지의 내가 작은 노천카페 야외 벤치에 앉아 '내가 런던 노천카페에 있구나!' 하고 감격하다가도 문득 '이 동네 사람에겐 일상의 편린일 텐데, 이런 데서 감동하는 것은 웃기는 일이다' 운운하며 자신을 몰아세웠다면, 이젠 그저 햇살을 즐기며 낭만에 취해 고양이처럼 갸르릉거리기로 했다. 그냥 나의 감성을 풀어놓고 남의 감성도 넉넉한 시선으로 바라보기로 했다. 아빠의 작은 낭만을 생각하며 말이다.

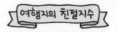

여행지의 친절지수

'길에서 지도를 보고 있는 사람'을 어떻게 대하느냐로
그 도시의 친절도를 알 수 있다

← 얼굴에
뜨내기 티
줄줄

친절한 도시

어디 찾니?
도와줄까?

누군가가
스스로
다가온다

비정한 도시

휙

휙

다들
휙휙
지나친다

런던은 물론 후자에 가깝다

사실
바쁜데
관광객이
지도 보며

길 막고
있으면
짜증나거

런더너 ▶

짜증
까지!

창가에 있는 빨간 소파에 걸터앉아 책을 읽다가 문득 목이 말라 곁에 두고 마시는 물통을 흘끗 바라본다. 말간 물이 반쯤 차 있는데 어쩐지 물이 해갈해줄 갈증은 아니다. 주머니에 1파운드짜리 동전 서너 개를 대충 챙겨넣고, 읽던 페이지에 손가락을 찔러넣고 옆구리에 낀 채 집 밖으로 나선다.

슬리퍼를 신고 쉬엄쉬엄 걸어가도 3분 거리에 펍이 있다. 수없이 열었던 갈색 나무문을 열고 들어가 수없이 시켰던 맥주를 시킨다. 정성스레 따라준 맥주를 조심스레 받아들고 종종걸음으로 구석 자리로 가 앉는다.

손가락을 찔러넣었던 페이지를 그대로 열어 아까 읽던 구절을 찾는다. 더듬더듬 단어를 헤매며 맥주잔을 입으로 가져간다. 머릿속엔 문장이, 입안엔 맥주가 쏟아져 들어온다. 책과 맥수에 빠져든다. 술이 술술 넘어갈수록 책장도 호르르 넘어간다. 취기가 오르니 재미난 구절은 더 재미지고 애달픈 구절은 더 짠하다.

맨정신이라면 흠 하고 넘어갔을 문단에도 취기와 감동에 겨워 책을 테이블에 엎어놓고 하, 하고 한숨을 쉰다. 숨찬 마음을 고르려고 주변을 둘러본다. 나처럼 책을 읽는 사람, 신문의 숫자 퍼즐을 푸는 사람, 동행인과 두런두런 이야기하는 사람…… 모두가 노란 불빛 아래 즐겁고 편안해 보인다.

나른하고 아늑해서 의자 깊숙이 더 파고들어간다. 우리 집 거실 같은 느낌이다. 그러고 보니 내가 사는 플랏은 너무 작아 거실이 없다. 여기가 내 거실이로구나, 그리 생각하니 배로 푸근하다. 난 세상에서 제일 큰 거실을 가진 사람. 언제고 향기로운 맥주가 나오는 거실을 가진 사람.

펍에는 늘 적당한 숫자의 사람들이 모여 있어 텅 빈방에 홀로 있을 때 느끼는 외로움이 다소나마 가신다. 하지만 우리는 아무 관계도 아니기에 누구도 나를 방해하지 않고 내 마음의 평화가 유지된다. 런던에서 한 부분을 떼서 가져갈 수 있다면 런던브리지의 보석 같은 야경도, 하이드파크의 융단 같은 녹지도, 벽지처럼 발라져 있는 내셔널 갤러리의 명화도 아닌, 낡고 특징 없는 우리 동네 펍을 택하겠다. 언제라도 동전 몇 개에 알딸딸한 행복을 느낄 수 있는 집에서 3분 거리의 펍. 나는 후에 이것을 얼만큼 그리워하게 될까.

상황 하나.

마트에서 장을 보고 계산을 하려 줄을 서 있는데 내 뒤에 선 다
갈색 머리의 주부가 계속 내 앞으로 튀어나갈 기회를 노린다. 분
명 내가 먼저 와서 줄을 섰는데도 자기가 먼저 계산하려고 몸을
움찔움찔 내민다. 나는 경계를 늦추지 않으며 카트를 바투 잡고
내 자리를 지키겠다는 의지를 확고히 한다.

전광판에 7번 계산대에 가서 계산하라는 시그널이 뜨고, 내
앞 사람이 7번 계산대로 간다. 이젠 내 차례, 뒤에 선 여인을 의식
하고 긴장하며 서 있는데, 곧이어 다음 고객은 4번 계산대로 가라
는 신호가 뜬다. 카트를 드르륵 밀고 나섰는데 계산대가 너무 많
아 4번이 어디인지 혼란스럽다. 멈칫, 짧은 순간 머뭇거렸나. 바로
그 틈에 내 뒤에 서 있던 새치기 여인이 나를 제치고 4번 계산대
로 달음질친다.

아, 황당해. 게다가 너무 클래식해. 외국 드라마에서 숱하게 본

상황, 숫제 이건 클리셰다. 소심하고, 사람 간의 분쟁에서 늘 물러서는 캐릭터와 그를 등쳐먹는 타인. 〈프렌즈〉의 레이첼이 동전 세탁소에서 새치기를 당했고, 〈모던패밀리〉의 미첼도 주유소에서 모욕을 당했다. 심지어 나를 밀치고 지나간 여인은 말도 못하게 못되게 생겨서 마치 그런 역할을 위해 누군가가 뽑은 배우 같다.

한국에서, 이런 상황을 겪으면 나는 늘 그냥 머쓱하게 물러서곤 했다. 착해서가 아니라 남과 마찰을 빚는 것 자체가 스트레스이기 때문이다. 순전히 자기 보호를 위해, 내 마음의 평화를 지키고자 그냥 물러서고 후에 가족이나 친구에게 이런 일이 있었다고 푸념이나 하는 게 다다. 더군다나 여기는 내 편 하나 없는 낯선 땅. 난 언어적으로도 열세. 그저 물러서는 것이 지금 낼 수 있는 으뜸 패.

하지만 그 순간 퍼뜩 내가 늘 하던 짓이나 하려고 여기 온 게 아니라는 생각이 들었다. 잘 다니던 회사를 뛰쳐나와 런던행 비행기를 탄 것부터가 파격이었다. 권태와 루틴으로 가득찬 생활과 작별하고 싶어서, 소심하고 비관적인 자신을 변화시키고 싶어서 떠나온 것이 아니었던가? 마치 연출된 것 같은 이 상황은 바로 나를 위한 오디션인 것이다. 나는 득달같이 카트를 밀고 달려가며 외쳤다.

"헤이헤이! 내가 먼저 왔잖아!"

새치기 여인은 두 발로 버티고 서서 배를 내밀고 말했다.

"뭐? 넌 7번으로 가라고 아까 떴잖아."

옷기시네. 분명 내 앞사람이 7번, 내가 4번이었어. 나도 알고 당신도 알고 하늘도 아는 사실이야. 나는 눈에 한껏 힘을 주고 목청을 높여 말했다.

"아니야! 내 앞사람이 7번이었고! 내가 4번이야! 내 차례야!"

난 비녀로 머리를 틀어 올리고 있었는데, 몸싸움이 벌어지면 냉큼 뽑아서 그 아줌마의 인중이라도 찌르려고 했다. 육탄전까지 각오한 나의 이글거리는 투기를 느꼈던 걸까, 그녀는 잠시 날 노려보며 끄응 하더니 입꼬리를 비틀며 물러섰다.

내가 이겼다! 오, 세상에. 난 누구와 싸우는 일이 정말로 드물고, 승리하더라도 손이 부들부들 떨려 밥숟갈도 제대로 못 쥐는 사람이었는데, 이번엔 놀랍게도 그저 후련하기만 했다. 당연히 지켜야 할 자리를 지킨 것, 응당 누려야 할 권리를 누린 것뿐인데도 마음속에 환희의 폭죽이 팡팡 터졌다.

내가 너무 격하게 으르렁거려서일까, 모든 걸 지켜본 4번 캐셔가 할끔할끔 내 눈치를 살피며 바코드를 찍는다. 계란이니 우유니 당근이니 삑삑 찍다가 내 카트 속의 술병을 보더니 머뭇거리며 말한다.

"저…… 저기 미안한데…… 면허증이나 여권 없으면 술 못 사는데……."

승자는 여유롭다. 난 아무렇지도 않다는 듯, '나 무서운 사람 아니에요' 하는 웃음을 지으며 "그럼 할 수 없죠" 하고 술병을 빼 달라고 청한다. 비녀를 뽑지 않고도 승리했으니 술을 못 사도 취한 듯 기분이 좋다.

상황 둘.

오늘 런던은 날씨가 궂다. 구름은 비가 마려운 듯 낯빛이 어둡다. 집으로 향하며 우울한 거리에서 버스를 기다리는데, 렌즈도 안경도 빼먹고 나와서 나도 모르게 인상을 쓰게 됐다. 난시 때문에 버스 번호를 보려면 미간을 찌푸려야 한다. 집세 낼 날이 내일모레 아니었나? 큰돈을 융통해야 한다는 생각에 나도 모르게 한층 우환 어린 표정이 되어 손끝을 잘근잘근 물어뜯으며 서 있는데, 큰 개를 데리고 산책하던 남자가 멈춰서더니 느닷없이 말을 붙인다.

"헤이, 뭘 그렇게 걱정하니?"

이것도 어쩌면 하나의 클리셰다. 여행지에서 만난 타인, 인간미 넘치는 관심, 따뜻하게 전염되는 위안. 이런 류의 이야기를 책에서 몇 번 본 것 같다. 주인공은 늘 타인의 이런 관심에 마음이 푸근해지곤 했던 것 같다. 후에 따뜻하게 추억하며 미소 짓곤 했던 것 같다.

하지만 여기는 런던이다. 남에게는 관심을 꺼주는 게 미덕인 땅. 나는 순간 경계심이 1,000배로 치솟아 허리를 꼿꼿이 세우고 타인의 관심을 차단하는 단호한 표정을 지었다.

"걱정? 나 걱정 안 하는데."

그랬더니 그 남자는 손을 으쓱 들어올리고 "OK!" 하고 멀어진다. 남의 여행기에선 곧잘 훈훈한 에피소드로 남곤 하는 사건이 드라이하게 종결된다.

뭔가 서글프다. 낯선 사람은 무조건 경계해야 하는 현실이. 타인의 관심을 호의로 느끼지 않고 범죄의 전조로 감지하는 내가. 하지만 별수 없다. 지인 하나 없는 대도시에서 나를 간수하려면 모두를 경계하고 의심해야 한다.

여행 초기, 이 차가운 사람들 틈에서 홀로 여행자 마인드로 친구를 사귀려 애쓰다 나가떨어진 후, 이곳은 그저 등장인물과 세트만 바뀌었다 뿐이지 서울과 진배없다 생각하기 시작했다. 서울에서도 스쳐 지나가는 사람에게 "무얼 걱정하세요?"라고 말을 거는 이는 거의 없다. 있다면 포교를 하려는 거겠지.

그래, 이건 도시 탓이야. 여기가 도시이기 때문이야. 그게 적절한 반응이었어. 낯선 이와 친구가 될 것도 아니었잖아? 나는 서글픔을 지우려고 애썼다.

프라이마크
찬가

런던에는 프라이마크PRIMARK라는 대형 의류점이 있다. 단지 옷가지를 파는 상점일 뿐인데도 위용이 상당해서 근방 100미터 안에 진입하면 소비의 향기가 사방천지에 진동한다. 근방 사람들이 온통 프라이마크 쇼핑백을 들고 지나다니기 때문이다.

처음 갔을 때, 그 규모와 구색을 보고 한국의 지마켓이니, 11번가니 하는 인터넷 오픈마켓이 현실에 있다면 이런 모습일 거라 생각했다. 몇 층짜리 건물에 갖가지 의류가 빼곡히 들어차 있는 것이다. 상상이 잘 가지 않는다면 동네에서 가장 유명한 대형 할인마트를 떠올려보라. 그 정도 크기의 매장에 오직 옷만! 옷가지만 가득하다면 상상이 가는지.

일단 매장에 들어서면 입구에 즐비한 대형 바구니에 놀라게 된다. 식료품 파는 마트도 아닌데 너도 나도 포대자루 같은 바구니를 하나씩 들고 뭐든 쑤셔 담는다. 검은 천으로 온몸을 감싼 중동 여인부터 문신투성이 백인 아가씨까지 각국의 말로 떠들며

옷 더미를 뒤진다.

그리고 또 놀라운 것은 그 수천, 수만 가지 다양한 제품! 속옷에서 코트까지, 파자마에서 드레스까지, 스타킹에서 하이힐까지 없는 게 없다. 한국을 휩쓸었던 수면양말과 수면바지도 있었다. 우리나라에만 있을 거라 생각했던 '청바지처럼 생긴 레깅스'도 있었고 한국 지하철 외판원에게 산 실리콘 신발밑창까지 있었다.

하지만 그 방대한 규모보다 더 놀라운 건 가격이었다. 뭐 좀 그럴듯한 것을 먹으려면 10파운드는 줘야 하는 런던 땅인데, 프라이마크의 옷값은 왜 이리 싼지⋯⋯. 1파운드짜리 티셔츠가 널렸고, 2파운드짜리 카디건도 즐비하다. 밥 한 끼 값이면 전신을 빼 입을 수 있는 것이다.

소비라는 건 기실 항상 자책감을 동반하기에 뭔가를 사면 크든 작든 '괜히 산 게 아닌가' 싶은 마음이 드는데, 프라이마크는 워낙 저렴한 탓에 그런 찜찜한 마음마저 소거된다. 주머니에 짤랑거리는 동전 몇 닢으로도 쏠쏠하게 쇼핑백을 채워서 나올 수 있는 것이다. 그래서 가끔 기분 전환이 필요할 때, 나는 공원이나 미술관 대신에 프라이마크에 갔다. 그 일대를 감싼 열병 같은 쇼핑의 혼에 몸을 맡기고, 보따리 가득 옷을 챙겨 담는 사람들 틈에 섞여 파자마니, 양말이니 사소한 걸 사들이곤 했다.

아무리 많이 골라잡아도 샌드위치 한두 개 값 정도밖에 안 나오기에 손이 무거울수록 마음은 가뿐해졌다. 소비로 이런 행복을 느끼는 자신이 너무 얄팍해 자책하기도 했지만 자본주의사회를 사는 사람으로서 별수 없다 생각하며 그저 쇼핑을 즐겼다. 말하자면 그곳은 하나의 유원지나 마찬가지였다!

물론 단점도 있다. 무조건적인 프라이마크 찬양은 구매 직후 클라이맥스에 도달했다가 '품질'이라는 부분과 마주하면 한풀 꺾인다. 예민한 사람은 한 번 입고, 무던한 사람은 한 번 빨고, 진짜 둔한 사람조차 한 계절이 지나면 알게 된다. 두고두고 입을 만큼 내구성이 탁월한 옷은 아닌 것이다. 티셔츠는 후들후들 목이 늘어나고, 청바지는 무릎이 쑥 나오고, 니트는 보풀보풀 보푸라기가 인다. 그래도 모두 납득하고 면죄부를 준다. 싸니까! 그 값에 영원불멸할 옷을 바랐다면 내가 도둑놈이여. 푼돈으로 나에게 큰 즐거움을 줬으니까 얼마든지 용서할 수 있단 말이다.

천으로 된 제품은 뭐든 팔기에 난 이곳에서 방에 깔 빨간 러그도 구입했는데, 이 러그는 쓰는 몇 달 내내 무섭도록 털을 내뿜었다. 앉았다 일어나면 옷 솔기마다 빨간 털이 끼어 있고, 방 안에 빨간 털뭉치가 굴러다니고, 심지어 재채기를 해도 빨간 털이 튀어나왔다. 하지만 난 용서했다. 이 빛깔 고운 러그를 싼 가격에 손에 넣고 프라이마크를 빠져 나올 때의 내 마음은 하늘을 날 듯 황홀했으니까.

흔히 먹을 것을 밝히면 식탐이 있다고 말한다. 내가 볼 적에 사람에게는 많든 적든 '의탐'이라는 것도 있는 것 같다. 옷장이 터져나갈 듯 옷이 빼곡해도 철마다 새 옷을 사고 싶고, 몇 해 동안 한 번도 손댄 적 없는 옷조차 버리려면 아쉬운 걸 보면. 그렇게 일반적인 수준의 의탐을 지닌 사람이라면 런던에 가서 프라이마크에 한 번쯤 들러보는 것도 좋을 것이다. 적은 돈으로 크게 즐길 수 있는 그곳. 모든 것이 비싸기만 한 런던에서 유일하게 부담 없이 아무거나 사들일 수 있는 프라이마크는 과연 런던의 성지, 쇼핑의 성지다.

이 합리적인 독일인에게
'우리나라는 맥주를 cc 단위로 말해'라고
설명할 재간이 없었다

… 라고 할 수도 없고

부모님의
여행

엄마 아빠가 이역만리 서울 땅이 아닌, 가깝다면 가까운 프랑크
푸르트에 계신다. 두 분은 배낭여행 중이다. 독일, 스위스, 프랑스
를 돌고 마지막에 런던에 오셔서 열흘 가량 나와 함께 지내다 귀
국하시는 한 달짜리 일정. 부모님은 패키지여행과 자유여행 사이
에서 엄청 갈등하다 과감하게 배낭여행을 결정, 지난 석 달간 각
종 온라인 커뮤니티에 가입하고 책을 사들이며 무지막지하게 준
비하셨다.

　나의 준비광, 리스트 마니아적 성격이 유전이 아닐까 싶을 정
도로, 초반엔 엄마가, 엄마가 지친 후반엔 아빠가 열심이었다. 마
일리지로 항공권을 끊고, 각종 도시의 숙소를 예약하고, 유럽일
주 커뮤니티를 통해 유레일패스를 구입하고, 철도 루트를 짜는
등 젊은 나도 엄두가 안 나는 일을 차례로 해치우셨다. 내게 일정
표를 보내주셨는데 엑셀 파일로 시트만 다섯 장, 각종 스케줄이
분 단위로 빼곡해서 이건 무슨 대통령 외국 방문 일정이 따로 없
었다.

하지만 그런 촘촘한 계획이 있었는데도, 나는 부모님의 구라파 유랑이 못내 불안했다. 그간 엄마 아빠가 런던에 있는 내 안부를 수시로 체크하고, 답이 조금만 늦어도 "무슨 일이 있는 거냐?"며 걱정하던 것이 도무지 이해가 되지 않았는데, 부모님이 인솔자도 없이 외국 땅 어딘가를 떠돌고 있다 생각하니, 외람되지만 물가에 아이를 내놓은 심정이었다.

프랑크푸르트는 그 장대한 계획의 첫 장, 첫 목적지였는데 걱정스러운 마음에 나는 몇 번이나 부모님이 잘 다니고 계신지 안부를 여쭈었다. 하지만 어째 할 만하시냐는 물음에 엄마와 아빠는 아무 문제 없다며, 너무 쉽다며, 모든 것이 백 퍼센트 예상대로 술술 풀려 우스울 정도라며 호언하시기에 나는 퍽 안심했다.

그렇게 며칠이 순조로이 흘러갔고 이제 나도 푸근히 마음을 놓아도 되나 싶었던 어느 토요일, 주말이고 하니 집에서 푹 쉬리라 다짐하고 푸짐한 오찬을 위해 새우볶음밥을 하고, 샐러드를 만들고, 한집에 사는 또래 아가씨에게 파스타도 좀 얻어서 테이블 세팅을 마쳤다. 숟가락 가득 밥을 퍼서 막 입에 넣으려는데, 집에 두고 쓰던 인터넷 전화기가 삐리링 울리더니 불과 조금 전까지 '이상 무'라던 아빠에게 '긴급히 전화다오'라는 전보 같은 문자메시지가 왔다. 단지 그 일곱 자에 쿵쿵 심장이 뛰기 시작했고 불안한 마음에 음식을 버려두고 부랴부랴 전화를 걸었더니 엄마가 받았다.

내용인즉슨, 독일에서 스위스 이동을 앞두고 프랑크푸르트 기차역에 짐 가방을 부려놓고 대기중이었는데, 갑자기 수상쩍은 놈팡이들이 다가오더란다. 그중 청년 1이 아빠에게 말을 붙여 슬 어디론가 데려가더니, 청년 2가 엄마에게 저기 남편 좀 보라며 시선을 분산시키더니, 청년 3이 바닥에 놓인 엄마의 카메라 가방을 들고 튀었다는 것이다. 즉, 3인조 패거리에게 순식간에 카메라 가방을 털린 셈. 여기까지 듣고 나는 숨이 턱 막히는 듯했다. 왜냐, 우리 엄마는 아마추어 사진가여서, 그 카메라 가방에는 엄청나게 비싼 장비가 들었을 게 분명했으니까.

"그, 그럼 어, 어, 엄마 카메라는?"

"응, 다행히 내 카메라는 내가 목에 걸고 있었어."

"그럼 제일 비싼 건 안 털린 거네? 아, 다행이다! 그럼 그 가방엔 뭐가 있었는데?"

"그게…… 내 돋보기안경하고, 아빠 선글라스하고…….."

"그래? 별거 없었네! 아, 놀라 죽는 줄 알았네."

"어, 그리고 네 카메라 들어 있었다."

쾅. 나는 누군가 내 귀에다 심벌즈를 친 듯 충격을 받았다. 내 카메라라니! 내 것이라니! 내겐 카메라가 두 대 있는데, 하나는 꽤 많은 돈을 주고 산 DSLR, 다른 하나는 컴팩트 카메라였다. 이번 런던 여행에 필 가져올까 고심하다 아무래도 DSLR은 가격과 크기가 부담스러워 집에 남겨두고, 작은 컴팩트 카메라만 단출하게 들고 왔는데, 엄마가 여행길에 쓸 서브 카메라로 내게 상의도 없이 그걸 들고 온 거다. 그리고 감쪽같이 털린 거다.

나는 순간 왈칵 성질이 났다. 남의 카메라를 왜 들고 와! 그랬으면 조심 좀 하지! 그걸 왜 잃어버려, 왜! 겨우 여행 3일차에 가방을 털려? 요주의 장소인 기차역에서?

"아유, 정말! 내가 인터넷으로 어떻게 해야 하는지 찾아보고 연락줄 테니까 기다려!"

전화를 끊고 나니 손이 떨릴 지경이었다. 내가 그 카메라를 얼마나 아꼈는지, 얼마나 귀히 여겼는지 차곡차곡 떠올라 분노가 치밀었다. 그 카메라를 사려고 오랜 시간 돈을 모았고, 내겐 과분한 카메라인 것 같아 수없이 망설였으며, 최저가에 최저가를 찾으려고 남대문 언저리를 들쑤시고 다녔다. 그렇게 얻은 내 카메라, 내 모든 역사를 두 눈에 담은 소중한 벗이 어느 코쟁이 손에 들어가 장물 신세가 된 것이다.

분통이 터져 풍풍 콧김이 나왔지만, 한편으론 엄마 아빠가 측은했다. 부푼 마음으로 떠난 여행길, 이국땅에서 무뢰한들에게 카메라 가방을 빼앗기고 얼마나 놀랐을 것이며, 얼마나 당장 귀국하고 싶을 것이며, 남은 여정이 얼마나 걱정되겠느냔 말이다.

흔히 자식이 으슥한 곳에서 깡패에게 봉변을 당하면, 부모는 다독이거나 위로하기 전에 "그러게, 왜 그 길로 갔어! 엄마가 일찍 다니라 그랬어, 안 그랬어!" 하고 성부터 낸다. 하지만 피해자에게 필요한 건 힐난이 아닌 위로와 해결책이 아닐까. 난 그런 태도를 답습하지 말자, 난 그런 훈육태도(?)를 따르지 않을 거야! 이런 갸륵한 마음으로 정신을 가다듬고 사태를 개선할 방도를 찾기로 했다.

후다닥 컴퓨터를 켜서 엄마 아빠가 든 여행자 보험의 약관을 검색하고, 이럴 경우 다른 사람들은 어떻게 하는지 사례를 찾아보고, 이런저런 조언사항을 정리해서 빼곡히 문자메시지로 보냈다. 경찰서 가서 폴리스 리포트를 받아라, 'lost'라고 하지 말고 'stolen'이라고 명확히 말해라, 손실액을 물어볼 수도 있으니 유로로 환산해서 대충 생각해둬라 등등 세세하게 행동지침을 전달했다.

메시지를 쓰면 쓸수록 엄마 아빠가 안쓰럽고 마음이 노글노글 풀어졌다. 나쁜 건 도둑놈들이 아닌가. 훔치려고 마음먹고 다가온 사람을 어떻게 당해. 게다가 세 놈이었다는데 안 다친 게 다행이지. 나는 잔뜩 겁먹었을 엄마 아빠를 상상하고 마음이 짠해 눈물 그렁그렁한 눈으로 계속 위로의 말을 덧붙였다. 내 카메라 고까짓 거 후속모델 계속 나와서 지금 똥값이니 걱정 마라, 인터넷에 사례 찾다보니 더 비싼 거 잃어버린 사람 천지더라, 괜히 남은 여행 망치지 말고 액땜했다 생각해라, 사람 안 상한 것이 어디냐 운운.

그렇게 한참 메시지를 보냈는데 답장이 없었다. 표를 예매해둔 기차를 떠나보낼 순 없으니 현재 스위스로 이동하는 열차에 몸을 싣고 있을 엄마 아빠에게 아무 응답이 없는 거다. 아직도 마음이 쪼그라들어 말없이 창밖만 보고 있나, 대체 어쩌고 있나 궁금해 전화를 거니 역시 엄마가 받았다. 아빠는 화장실에 갔단다.

"내 문자 봤지? 너무 걱정 말아. 다 괜찮을 거여."

절절한 나의 말에 엄마가 말한다.

"어, 난 내 손 떠난 건 별로 걱정 안 해."

내 손 떠난 건 별로 걱정 안 해? 내 손 떠난 건 별로 걱정 안 해? 아, 내가 우리 엄마를 잊고 있었네. 우리 엄마는 내가 아는 인류 중 제일 감정 기복이 적고, 마음이 담대하며 요즘 말로 쿨한 사람이다. 어릴 때 아빠와 말다툼을 하고 난 후에도 엄마가 채 5분도 안 되어 소파에서 조는 모습을 보고 기함을 했던 적도 있다. 역시 생전 처음 가본 유럽 땅에서 카메라 가방을 털려도 엄마는 무적인 거다. 그런 사소한 사건 따위 박여사의 심사를 거스르지 못하는 거다.

나는 순간 안심되기는커녕 어쩔 수 없는 가족 마인드로 또 왈칵 성이 나서 "뭐? 남의 카메라 잃어버려놓고 걱정을 안 해?" 해버렸지만 그래도 엄마가 저러는 편이 낫다 싶었다. 흘끗 보니 아까 차려둔 내 푸짐한 점심상이 식어 뻐드러지고 있었다. 이 사건에서 잔뜩 쫄아든 건 나와 내 점심밥뿐이었다.

그래서 종국엔 어찌 되었는고 하면, 엄마 아빠는 국경을 넘어 스위스로 이동, 스위스 경찰서에서 잃어버린 물품을 읊고 경찰의 도난 증명서를 받았다. 나중에 귀국해서는 보험사에서 알량한 돈을 조금 보상받았을 뿐이지만, 그땐 이미 모두가 이 사건을 그저 해프닝으로 여기고 웃을 수 있게 된 후였다.

아무튼 내 혼신을 다한 위로와 엄마의 타고난 담대함 덕에 두 분은 여행을 계속 즐기실 수 있었고 부모님의 바로 다음 메시지는 다행히도 '융프라후요흐 올라왔는데 안개 때문에 경치 안 보여서 돈 아까움'이었다. 나는 그 메시지를 받고 비로소 불안했던 마음을 마저 내려놓았다.

엄마 아빠가 낯선 유럽 땅을 떠돌 남은 3주 가량이 내내 걱정될 듯했지만 그래도 잘 다니시리라 믿고 안심하는 수밖에. 딸자식을 런던 땅에 보내놓은 엄마 아빠의 마음을 그제서야 비로소 이해할 수 있었다.

시계를
보지 않는 사람

장기여행의 좋은 점은 어딘가로 향할 때 시간에 대한 초조함이 전혀 없다는 것이다. 월요일에 못 가면 화요일에 가면 되고, 수요일에 문 닫은 곳은 목요일에 찾으면 된다. 죽어도 오늘 가봐야 할 곳이 있는 것도 아니고, 몇시까지 가지 않으면 큰일나는 것도 아니다. 어딘가로 가려고 최단 루트를 찾으려 애쓸 필요도 없고, 돌아 돌아 가도 가는 길 자체가 속 편한 여행길이다. 차가 막혀 수십 분째 껌처럼 길바닥에 붙어 있어도 좀처럼 시계를 보지 않는다.

오늘 나들이 길도, 지하철 네 정거장 밖에 안 되는 거리를 버스를 타고 막히는 시내를 통과해 한참 에둘러 갔다. 그런데도 내릴 때가 되어서는 아쉽고, 종점까지 가서 되돌아올까 싶은 생각마저 들었다. 헤매도 여행이고, 차가 막혀도 여행이다. 서울에선 이동하는 데 너무 시간을 많이 쓰면 길바닥에 시간을 버렸다고 툴툴댔는데, 여기에선 그럴 일이 없다. 목적지까지 가는 여정까지도 내 여행의 일부니까.

나는 길바닥에 시간을 저금하고 있다.

그대도,
나도

오랜 세월 가장 좋아하는 맥주로 에딩거를 꼽아왔다. 동네 펍에
만 들러도 각국의 생맥주 코크가 반지르르 윤을 내며 '저요! 저
요!' 앞다퉈 나를 유혹하는 런던 땅에 와서 그 애정이 다소 희미
해지긴 했지만, 그래도 의리상 아직까지 나의 으뜸 맥주는 뒷맛
이 달큰한 에딩거다.

런던은 펍마다 보유하고 있는 드래프트 비어가 서로 다른데,
에딩거는 갖추고 있는 곳이 아주 흔하진 않았다. 그러던 어느 날
우연히 첼시 킹스로드 중간쯤에서 에딩거를 파는 펍을 발견하고
그후에도 종종 들렀다. 부유한 동네에 위치한 탓에 값은 약간 비
싸지만 분위기도 좋고 인테리어도 그럴듯해 꽤 마음에 드는 펍
이었다.

두어 번쯤 방문해 에딩거를 1파인트씩 마시곤 했는데, 오늘 또
그곳을 방문했다. 둘러볼 것도 없이 비^{Bar}로 직행해 "에딩거 1파인
트!"라고 말하니, 주문을 받는 젊은 아가씨가 미간에 골을 만들고
"What? What?" 한다. 내 발음이 이상한가……. 공들여 다시 "에딩

거"했는데도 굳은 얼굴로 "그게 뭐야? 난 모르겠어" 한다.

어라, 이게 뭐람. 둘러보니 정말 카운터에 나와 있던 에딩거 탭이 감쪽같이 사라졌다. 나도 당황해 미소가 사라졌다.

"이상하네. 난 며칠 전에 여기에서 에딩거 마셨는데."

"아니, 없어."

없으면 없는 거지, 부연 설명도 없고 표정이 너무 딱딱했다. 마치 내가 맥줏집 와서 막걸리 있냐고 물어본 듯한 반응이랄까. 슬슬 나도 당황스럽고 마음이 쪼글쪼글해졌다. 내가 그간 신기루를 찾아 맥주를 마셨던 건가 알쏭달쏭하고 이런 단호한 반응이 의문스러웠다. 매몰찬 반응에 맥주고 뭐고 그냥 뒤돌아 나가야 하나 싶은 생각마저 들었다.

서로 말없이 마주보고 있던 그 순간, 저쪽에서 다른 주문을 받던 조금 나이든 직원이 후다닥 다가오더니 굳은 표정의 아가씨를 슥 옆으로 밀고 나에게 말했다.

"에딩거! 미안한데 그거 다 떨어져서 탭을 치웠어. 다음주에나 들어와. 저기 저 맥주가 에딩거랑 맛이 비슷한데 한번 마셔볼래?"

선배 격으로 보이는 이가 다가오자, 내내 굳은 표정으로 일관하던 그녀가 그제야 뭔가 안심한 표정으로 옆으로 물러서며 고개를 끄덕인다. 아, 신출내기였구나! 어쩌면 오늘이 일한 첫날일지도 몰라. 그래서 모르는 이름이 나오자 당황했구나.

나도 런던 땅이 여전히 낯설어 누군가 예상 밖의 반응을 보이면 자동적으로 마음이 움츠러들곤 하는데, 그녀도 일한 지 얼마 안 되어 예상치 못한 주문에 움츠러들었나보다. 거만하게 나를 밀쳐내려고 했던 게 아니라 자신도 낯설고 겁나서 마음이 작아졌나보다. 우리는 서로 무서웠던 모양이다. 하지만 이젠 괜찮아. 누구도 상대를 공격하려고 그랬던 게 아니었으니까.

에딩거 대신 권해준 맥주도 무척 맛있었고, 이날도 만족스러운 음주를 즐겼다.

가족의
재회

엄마 아빠가 오실 날이 멀지 않았다. 런던은 아직까지 내게도 낯
선 도시고 과연 이 땅과 사랑에 빠질 수 있을까 의문스러운 지경
인데도, 멀고 먼 한국에서 부모님이 오신다니 마치 자랑스러운
내 고향에서 귀빈이 오시는 듯 묘한 책임감마저 들었다. 골수 런
더너들이 들으면 그 높다란 코로 흥, 하고 코웃음 칠 일이지만,
마치 내가 런던 대표가 되어 손님들이 이 도시를 잘 즐길 수 있
도록 인솔해야 할 것만 같은 기분이 들었다고나 할까.

실제로 엄마 아빠의 그 촘촘했던 분 단위 일정표 중 런던 부분
은 거대한 공란이었다. 알파에서 오메가까지 나에게 일임하겠다
는 뜻이다. 해서 나는 나름 가이드 모드가 되어 부모님의 런던투
어 일정을 짜고 숙소까지 구해둔 후 그분들이 몸을 실은 유로스
타가 도착하길 기다렸다.

다들 이 먼 이국땅에서 그리운 부모님을 만난다니 참 부럽다
고 했지만, 솔직히 그런 애틋한 마음은 없었다. 이번 여행은 나의
오랜 숙원사업이자 로망의 집결체였고, 매일 살짝 허공에 뜬 기

분으로 여행자의 감성에 취해 있었는데, 그런 와중에 일상의 가장 내밀한 부분까지 공유했던 가족의 출현은, 불경한 말이지만 산통 깨는 일이었다.

실제로 그간 엄마 아빠와 했던 모든 여행에서 여행자의 감성이 끼어들 여지는 없었다. 선크림은 목뒤까지 꼼꼼하게 발랐냐, 채소 좀 먹어라, 치마 구겨지니 조신하게 앉아라 등등 랩처럼 이어지는 '엄마적' 잔소리의 틈에서 어찌 로망을 찾으리오. 여행이란 무릇 텁텁하게 온몸에 스며든 생활의 냄새를 탈탈 털어버리고 아련한 낭만의 안개에 휩싸여 지내는 행위일진대 가족과 함께라면 그건 불가능한 작전이었다.

마침내 엄마 아빠가 런던 땅을 밟으시는 날. 전철역에 가서 그분들이 도착하면 바로 쓸 수 있도록 오이스터 카드※를 두 장 사서 충전하고 세인트 판크라스역으로 가는 46번 버스를 탔다. 역에 도착해 우왕좌왕 헤매다 겨우 하차장소를 찾아 출구 앞에 진을 치고 서 있는데, 막상 그 앞에 서니 괜히 마음이 두근거렸다. 향수병도 없고, 가족이 그리 그립지도 않았는데, 가슴이 동당거렸다.

왜지? 앞으로 열흘 가량 팔자에 없는 가이드 노릇 하느라 고단할 게 확실한데, 나의 향긋한 여행 감성에 시큼한 생활의 냄새

※ 오이스터 카드
런던에서 버스나 지하철을 탈 때 쓰는 교통카드. 충전하거나 정액제로 사용할 수 있고, 할인율이 커서 런던 여행자들의 필수품이라고 할 수 있다.

가 배어들 게 확실한데도 왜 이렇게 마음이 녹아내리는 거지? 왜 엄마 아빠 얼굴을 보면 찔끔 눈물이 솟을 것 같은 심정이 되는 거지? 왜 〈우정의 무대〉에서 "뒤에 계신 분은 제 어머니가 확실합니다!" 하고 외치는 까까머리 국군 장병의 마음이 되는 거지?

마침내 열차가 제시간에 도착했다는 시그널이 뜨고, 사람들이 우르르 쏟아져나오기 시작했다. 파리에서부터 해저터널을 뚫고 달려온 기차에서 하얀 얼굴, 까만 얼굴, 갈색 얼굴 등등 수많은 얼굴이 쏟아져내리는데, 그 수많은 얼굴 중에 부모님 얼굴은 도통 보이지가 않았다. 기다려도 기다려도 낯선 얼굴만 줄줄이 이어졌다.

우줄우줄 춤추는 마음을 다독이며 한참을 초조하게 기다리니 저멀리에서 익숙하디익숙한 둥근 얼굴이 둥실 떠올랐다. 엄마다! 엄마였다. 내가 "엄마!"라고 소리쳐 부르기도 전에, 엄마가 너무너무 신나는 얼굴로 나를 향해 맹렬하게 달려와 내 팔을 움켜쥐었다. 아빠는 예의 긴장된 딱딱한 얼굴로 짐가방을 꼭 쥐고 엄마의 뒤를 느릿느릿 따라오고 있었다. 그렇게 우리는 런던 한복판에서 만났다.

다 같이 버스를 타고 한참 걸려서 내 플랏 인근에 잡아둔 호텔에 닿았다. 대충 짐을 풀고 다시 바깥으로 나서니 어느덧 밤 10시였다. 엄마 아빠는 공복이었는데 그 시간에 식사를 할 수 있는 곳은 KFC밖에 없었다. 런던에서의 첫 끼니를 튀긴 닭으로 때우게 하다니, 자책감이 몽글몽글 솟아났는데 엄마가 대번에 "우리는

니가 밥이라도 해놓을 줄 알았구만!" 하고 치고 나와서 "나는 엄마가 먹고 올 줄 알았지!" 하고 받아쳤다. 벌써부터 생활의 냄새가 와락 밀려들기 시작했지만 나쁘지 않았다. 딱히 그리웠던 냄새는 아니지만, 막상 맡으니까 좋았다. 내 가족이 8,000킬로미터를 품고 온, 익숙하고 편안한 공기.

치킨이니 뭐니 이런저런 걸 호텔방에 늘어놓고, 밀린 수다를 풀며 저녁을 먹고 나니 어느덧 어둑한 시간이었다. 내가 기거하는 플랫은 호텔에서 걸어서 10분 거리, 가까우니 알아서 돌아가겠다고 몇 번이나 말했는데도, 아빠는 주섬주섬 옷을 챙겨 입고 나를 배웅하러 나섰다. 내가 여기 있은 지 벌써 넉 달이 넘었지만, 런던에 막 도착한 아빠는 내가 걱정스러운 것이다. 파란 여름밤, 오랜만에 아빠 손을 잡고 별말도 없이 한참을 걸어 집으로 왔다.

그후로 우리는 초반의 애틋함을 순식간에 상실하고 가끔 말다툼도 하고 서로 삐치기도 하며 열흘간 복닥거리며 지냈다. 내가 짜두었던 나름 빡빡한 일정은 사실 게으른 내 관점에서 촘촘했던 거였고, 새벽 6시부터 움직이는 두 분께는 성글기 짝이 없었던지라, 나는 예상보다 훨씬 고된 가이드 노릇을 했다. 음식이 맛없기로 소문난 이 도시에서 그나마 먹을 만한 것을 찾아 대접하느라 애썼고, 이미 독일과 스위스에서 숱한 장관을 보고 와 어지간한 것엔 시큰둥해진 엄마 아빠의 눈높이에 맞추느라 애썼다.

하지만 그 와중에 불만과 짜증이 치밀 땐, 언젠가 당신들도 늙고 나도 늙으면, 지금의 이 나날을 한없이 그리워하리라 생각했다. 이 먼 나라에서 가족과 재회하는 일, 함께 여행하는 일이 흔한 경험은 아니니까. 그리고 그 모든 경험을 아련하게 그리워할 날이 오리라는 예측은 칼같이 들어맞아서, 이 글을 쓰는 지금 벌써 그날이 그립다.

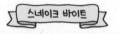

스네이크 바이트

영국의 PUB에서는 끝내주는 맥주들 외에
Cider 라는 사과주도 만날 수 있다

우리나라
'사이다' 와는
다름!

과일주답게 달콤하고 탄산이 들어가 음료수 같은데
그러면서도 도수는 맥주 못지않은 이 술…

크으~
사이더
너무 좋아!

그 단걸
어떻게
몇 잔씩
마시냐…

←못 먹는
사람도 존재

가끔 스네이크 바이트 Snakebite를 달라고 청하면
이 사이더와 맥주를 반씩 섞어주는데
이것도 맛이 좋다

더 빨리
취하는 것
같다…

낄낄낄
비고!

하지만 수없이 많은 영국인에게

왜 이걸
'스네이크
바이트'라
불러?

…라고 물었지만 누구도 이유를 모르더라

내셔널 갤러리에서의
낮잠

나는 순위 매기기 혹은 리스트 만들기를 좋아하는 사람이다. '무인도에 가져가고 싶은 것 세 가지는?' '평생 한 음악만 듣는다면 무엇?' 하는 류의 앙케트성 질문도 무척 좋아한다. 친구들과 모이면 TV를 틀어놓고 '저 음악 프로그램에 나온 남자가수 중 한 명과 사귀어야 한다면 누구랑? 결혼해야 한다면 누구랑?' 따위의 유치한 랭킹놀이를 일삼는다. 의미 없는 짓이지만, 이런 식으로 우선순위를 정하고 마음속으로 등수를 매기면 내가 뭘 좋아하고, 뭘 우위에 놓는지가 명확해지고 톱으로 꼽은 것에 대한 애착도 커진다.

내셔널 갤러리는 방대한 소장품을 자랑하는 런던의 대표적인 미술관이다. 미술관 앞에는 커다란 분수와 웅장한 사자 조각상이 위용을 뽐내는 트래펄가 광장이 있다. 이 광장은 그야말로 관광객의 성지이자, '내가 영국에 오긴 왔구나' 싶은 느낌을 주는 대표적인 관광명소다.

유랑에 지친 관광객들과 잿빛 비둘기가 떼 지어 웅크리고 있는 광장을 가로지르면 내셔널 갤러리로 입장하는 높다란 돌계단이 나타난다. 그 계단을 걸어 올라가 미술관에 입장하면, 나만의 생각인지는 몰라도, 위엄 그득한 겉모양에 비해 속은 꽤 아늑하다는 생각을 하게 된다.

미술관에는 어마어마한 양의 소장품이 시대별로 잘 정리되어 있는데, 나는 늘 1600~1800년대 작가들의 그림만 집중해서 보고, 그 이전 시대로 거슬러가 다들 머리 뒤에 광채를 두르고 속눈썹 그늘이 지도록 눈을 내리깐 종교화가 출몰하기 시작하면 흥미를 잃곤 했다. 지나치게 엄숙하고 성스러워서 재미가 적었던 것이다. 이런 이유로, 숱하게 갔던 내셔널 갤러리지만 나중에는 종교화 부분은 거의 건너뛰고 특정 전시실만 집중적으로 찾았다.

앞서 설명했듯, 순위 매기기를 좋아하는 나는 이 미술관에 여러 번 다니며 나만의 베스트 전시실을 꼽는 데 재미를 들였다. 각 전시실은 1번, 2번 하는 식으로 숫자가 매겨져 있는데, 오랜 비교 끝에 내가 최고로 꼽은 곳은 바로 34번 전시실이다. 나는 나만의 동선을 만들어 저쪽 멀찍한 전시실에서 시작해서 34번 전시실이 나오길 기다리며 일부러 느릿느릿 움직이곤 했다. 수없이 찾아서 눈 감고도 보일 듯 기억에 선연한 그림들이지만, 늘 처음 보는 사람처럼 설레는 맘으로 전시실 문을 열었다.

우선 이 방에는 내가 제일 좋아하는 화가이자, 영국 로망을 품게 한 이유 중 1할 정도를 차지하는 윌리엄 터너의 그림이 있다.

처음으로 터너의 그림을 실물로 마주한 곳도 이곳이었는데, 이 '처음'의 감동이란 게 상당해서 후에 테이트 브리튼의 터너관에 가서 훨씬 다양한 그의 작품을 봤는데도, 그의 그림이 고작 대여섯 점밖에 없는 내셔널 갤러리에서 느낀 감동에는 미치지 못했다.

가장 유명한 작품인 〈비, 증기, 그리고 속도 – 위대한 서부철도〉도 이곳에 있는데, 나는 이 그림을 볼 때마다 희뿌연 공기 너머 속도감 있게 달려오는 열차의 굉음이 들리는 것만 같았다. 얼핏 보면 물감의 소용돌이에 불과한 그의 그림이 그 어떤 해상도 높은 사진보다 열차의 속도감과 휘몰아치는 공기, 그 찰나를 또렷하게 포착하고 있었다.

하지만 가장 마음에 들었던 건 전혀 유명하지 않은 미완성작인 〈저녁 별〉이었다. 바닷가 마을, 한 소년이 광주리를 들고 귀가하고, 작은 개가 반가운 듯 소년 곁을 맴도는 지극히 평화로운 풍경. 제목은 '저녁 별'인데 대체 별이 어디 있는 거지, 하는 순간 화폭 중앙에 빛나는 단 한 개의 작은 별이 보인다. 터너가 얇은 붓을 들어 툭 찍었을 하얀 유화 물감이 작은 별로 둔갑해서 마음속에 박힌다. 그 방 전체에 별이 뜬 것처럼 마음이 환해진다.

34번 전시실에는 존 컨스터블의 그림도 있다. 그의 대표작인 〈건초 마차〉를 화집으로 대했을 적에 내 기준엔 지나치게 산만해서 대작이라는 느낌을 받지 못했는데, 실물을 대하고는 입이 떡 벌어졌다. 도시에서 나고 자란 아스팔트 키드에게 '목가적'이라는 말의 진정한 의미를 알게 해주었던 것이다. 터너의 그림을 보고, 뒤이어 컨스터블의 그림을 보면 안개에 취해 있다가 쨍한 햇살을 맞은 기분이 되곤 했다.

그 외에도 게인즈버러가 그린, 고상함이 지나쳐 도무지 사람 같지 않은 창백한 낯빛의 귀족 나으리들의 그림과, 그와 정반대로 극적인 표정과 물씬한 현장감이 느껴지는 조세프 라이트의 과학 실험 그림. 그리고 지나치기 쉬운 위치에 있지만 결코 지나칠 수 없는 초상화 한 점, 조슈아 레이놀즈의 〈백작 알베마를 2세의 미망인, 앤〉. 다른 그림보다 높은 곳에 자리한 이 그림을 처음 보고는 나도 모르게 고개를 조아렸다. 사람을 쏘아보는 듯한 이 고압적인 노부인의 초상은 그 파르스름한 낯빛과 소름 돋는 안광이 무서워, 결코 내 방에 걸고 싶진 않지만 그래도 그곳을 찾으면 늘 챙겨보게 되는, 34번 전시실의 방점 같은 그림이었다.

나는 이 34번 전시실에서 수도 없이 고독에 빠지기도 했고, 환희에 빠지기도 했고, 잠에 빠지기도 했다. 늘 심신이 고단해 어디에서건 쉽사리 잠드는 여행자에게 의자 인심 후한 미술관은 최적의 장소였다. 세상 어느 곳에서 이런 세기의 명화를 앞에 두고 고개를 꺾고 졸 수 있겠는가. 기왕 졸 거 가장 좋아하는 그림 앞에서 졸자는 생각에, 나는 터너의 그림 앞에 자리가 나길 기다렸다가 틈이 나면 잽싸게 엉덩이를 밀고 들어가 먼지 묻은 배낭을 끌어안고 꾸벅꾸벅 졸았다. 이 웅장한 미술관 한복판에서, 내가 가장 좋아하는 34번 전시실에서, 이 값비싼 명화를 앞에 두고 잠에 빠지다니. 어쩌면 내 생애 가장 고상하고 품격 있는 낮잠이었는지도 모르겠다.

갖고 있을 땐
모른다

십대 혹은 이십대, 청춘의 한복판에 있는 사람에게 누구나 이렇게 이야기한다. 네 나이가 부럽다, 나도 그때로 돌아가고 싶다, 지금 그 시절을 맘껏 누려라…… 하지만 막상 당사자는 고개를 갸웃한다. 대체 내가 가진 것의 가치가 얼만큼인지, 대체 어떻게 누려야 하는 건지 가늠이 안 되는 것이다. 나도 십대 혹은 이십대 초반의 청춘 남녀를 보면 그 파릇파릇함이 너무 부러워 나도 모르게 '무엇이든 할 수 있는 나이니 맘껏 도전해보라'는 둥 너무 흔해빠져 급훈으로도 안 쓸 말이 곧잘 튀어나온다.

하지만 그 시절을 돌아보면 나 역시 숱하게 같은 말을 들었지만 전혀, 일절, 하나도 와닿지 않았다. 다들 좋은 시절이라 하는데 뭐가 좋은지도 모르겠고, 지금을 즐기라는데 어떻게 즐겨야 할지 전혀 알 수 없었다. 그냥 내겐 내 나이가 당연한데, 지금 내가 이 나이일 뿐인데, 대체 뭘 어떻게 감사하고 누리란 말인지. 뭘 해야 남들에게 '저 청년 인생 참 신명나게 사네' 하는 소리를 들을 것이며, 뭘 해야 훗날 돌아보며 '난 참 멋들어지게 살았지'

하게 되는지. 나이만 젊다고 일상이 총천연색인가? 누구에게나 일상은 바랜 듯 희끄무레하고, 누구나 당장 직면한 자기 사정이 가장 벅찬 게 아닌가.

이게 참 인생의 아이러니인 게, 여행도 이와 비슷했다. 태어나서 처음 해보는 장기여행, 뭘 해도 신기하고 의미 깊던 여행 초기를 지나 그야말로 생활자의 길에 들어서니 서서히 권태가 찾아왔다. 빨간 이층버스 위층 앞자리에만 앉아도 콧김을 풍풍 내뿜으며 신나던 때가 어제 같은데, 슬슬 다니는 길이 눈에 익고, 타고 다니는 버스가 익숙해지니 빨간 13번 버스를 타고 집에 가는 길이나, 한국에서 3414번 녹색버스를 타고 집에 가는 길이나 별 차이가 없어졌다. 그냥 애초부터 그랬던 것처럼 무미건조해져버렸다. 하지만 한국에 있는 모두가 그랬다. 그렇게 여유 있게 산다니 참 좋겠다고! 런던에 있는 네가 못 견디게 부럽다고! 너의 권태마저 질투난다고!

물론 나도 백 퍼센트 그 말의 의미를 알았다. 실제로 내가 이 땅에서 얼마나 행복해야 하는지도 알았다. 얼마나 많은 기회비용을 치르고 큰 용기를 끄집어내 온 런던 땅인데, 얼마나 오랜 세월 꿈꿔오던 생활인데, 이렇게 권태에 사로잡히다니……. 정말이지 정신 나간 상태라는 걸 너무나도 잘 알았다.

하지만 그토록 오매불망 바라던 새 MP3플레이어도, 가방도, 심지어 사람까지도, 내 것이 되면 생활에 침식돼 빛을 잃고 날 적부터 내 것이었던 양 가치가 삭아가는 것처럼 여행에서의 하루하루도 그러했다. 내 것이 되고, 익숙해져가다보니 결국 이를 어찌 즐겨야 하는지 막연해져버렸다. 마치 젊음처럼, 다들 한목소리로 부럽다고 말하는 걸 갖고 있었지만, 정작 어찌 누려야 할지 알 수 없었던 것처럼.

그나마 어릴 때는 뭘 몰라서 '다들 웃기시네' 하며 넘겼지만, 충분히 나이든 지금은 내가 누리는 지금 이 순간이 얼마나 귀한지 생생히 자각하고 있었기에 더욱 초조했다. 모두가 부러워하는 삶인데! 매일 술 취한 듯 즐거워야 하는데! 이게 뭔가! 이래서야 되는 건가!

역시 갖고 있으면 귀한 줄 모른다. 후에 돌아보고 "아, 그때 정말 제대로 즐겼어야 하는데" 하고 회한에나 사로잡히는 게 인간이다. 심지어 이번엔, 먼 훗날 다시 서울의 고단한 일상으로 귀환한 내가 "런던에서 좀더 제대로 즐겼어야 하는데" 하고 탄식할 줄 뻔히 알면서도 별수가 없었다. 결국 이런 거다. 난 이제 어린 친구들에게 네 나이가 부럽다는 둥, 그 나이로 돌려준다면 무엇이든 하겠다는 둥 이런 말은 하지 말아야겠다. 난 그런 말을 할 자격이 없다.

개미와 나의
영역 다툼

10분 후도 예측할 수 없는 외국 생활이지만, 이런 일이 터질 거라고는 생각도 못했다. 플랫메이트가 꺄악 비명을 질러 나가보니, 어제까지 멀끔하던 부엌 바닥이 새까만 개미 소굴이다. 한국에서 보던 작은 잿빛 개미도 아니고, 새까맣고 몸통이 반질거리는 커다란 개미 천지다. 더욱 소름이 끼치는 건, 흑미 자루를 엎은 듯 마루를 까맣게 덮은 개미떼 중 절반 정도는 날개를 단 개미라는 사실. 내게 앙심을 품은 누군가가 개미집을 우리 집에 탈탈 털어놓고 갔나 싶을 정도로 엄청난 무리였다.

사실 난 개미라는 곤충을 좋아하는 축이었다. 베르나르 베르베르의 소설 『개미』를 읽은 이후로 크게 경도되어 쭉 호감을 품고 있었다. 무엇보다도 전체 군집이 하나의 유기체처럼 움직여 각각의 개미에게 자아가 없다는 사실이 슬프면서도 매력적으로 느껴졌다. 마치 하나의 부품처럼 오직 무리를 위해 존재하는 생물. 이런 애잔한 마음에 방점을 찍은 것은 영화 〈올드보이〉의 지하철 개미신이었다. 텅 빈 열차 한구석에 홀로 앉은 커다란 개미, 무리에서 벗어난 그 개미의 고독과 상실감이 전해져 개미를 향한 애정지수가 쭉 올라갔던 것이다.

해서 나는 개미약 포장지에 적힌 '일개미가 물어간 OO 약품으로 여왕개미 및 유충까지 섬멸' 운운하는 문구를 보며 그 끔찍한 시스템에 몸서리치곤 했다. 무리를 와해시킬 극약인지도 모르고 성실하게 운반해가는 일개미와, 충복의 손에서 죽음을 건네받는 여왕. 그것이야말로 통탄할 비극 아닌가.

이런 애정이 마음 바탕에 깔려 있었기에 빈틈을 찾기 힘들 정도로 까맣게 마루를 뒤덮은 개미떼를 보고도 나는 어찌할 바를 몰라 난감했다. 플랫메이트는 "이걸 어떻게 다 죽이죠?" 하고 미간을 찌푸렸지만, 나는 어지간하면 개미를 죽이고 싶지 않았다. 만약 이것이 전쟁이라면, 난 평화적으로 종전을 이루고 싶었다. 개미들이 알아서 물러가는 아주 평화로운 종전.

하지만 그건 그저 판타지일 뿐이었다. 우리는 부엌에 가득한 식료품을 지켜야 했기에 집안 곳곳에 개미약을 뿌렸다. 한국에서 본 것처럼 연쇄반응을 일으키는 치밀한 시스템의 약은 아니고 그저 눈앞의 개미를 죽이는 약이었는데, 약을 뿌리고 채 3분도 안 되어 개미 시체가 산을 이루더니 살아남은 개미군단은 어느새 홀연히 사라졌다. 사지가 오그라들어 죽어 나자빠진 개미떼를 쓸어 담으며 간절히 기원했다. 제발 다른 루트를 찾아줘, 이런 비극이 되풀이되지 않게!

하지만 그게 끝이 아니었다. 개미는 약을 뿌리면 반나절쯤 자취를 감췄다가, 어느 순간 돌아보면 또다시 스멀스멀 돌아다니기 시작했다. 무엇보다 골칫거리는 날개를 단 개미였다. 크고, 딱딱한데다, 당연한 이야기지만 날아다녔다! 휴지로 누르면 파각 소리를 내는 견고한 몸체와 날카로운 앞턱. 날개를 단 개미는 파리나 나방 따위보다 훨씬 소름끼쳤다.

그래도 어찌 공생해볼까 싶어 애쓰는 와중에 더 큰일이 닥쳤다. 부엌과 가장 가까운 내 방에 드디어 개미떼가 진입하기 시작한 것이다. 방문 앞에 개미가 싫어한다는 소금으로 방어선을 치는 식으로 버텨나가던 어느 날, 집중해서 그림을 그리다 발등이 따끔해 아래를 내려다보니 발 옆에 개미 무리가 잔뜩 포진해 있었다. 이미 개미에게 잔뜩 물려 발이 빨갛게 부어오르기 시작했다.

개미에게 물어뜯기자 나는 울컥 화가 났다. 벌은 자신을 공격하면 쏘고, 모기는 배가 고파지면 무는데 개미는 대체 왜 나를 공격하느냔 말이다. 내가 해를 가한 것도 아니고, 나를 먹을 것도 아니면서! 어지간하면 살육은 피하고 싶었던 내 갸륵한 마음도 몰라주고 발등을 물어뜯은 개미떼가 미웠다. 이제 한여름, 샌들을 신어야 하는데 오돌토돌 붉은 반점투성이 발을 선사한 개미떼가 증오스러웠다.

그날 이후 나는 개미를 향한 감상 따위는 일절 잊고, 그저 보이는 족족 잡아 없애기에 급급했다. 거의 노이로제 수준이었다. 글을 쓰다가도, 인터넷을 하다가도, 그림을 그리다가도 1분마다

고개를 꺾어 발밑을 보고 고개를 돌려 등뒤를 확인했다.

까만 점은 무엇이든 개미로 보였다. 책상 위의 지우개 가루도 개미로 보였고, 책을 읽어도 하얀 바탕 위의 까만 글씨가 개미떼처럼 보였다. 개미가 보이면 휴지로 꾹 눌러 몸이 바스러지는 소리를 듣고 다시 휴지를 들춰 확실히 죽었나 확인해야 했다. 대충 휴지로 감싸 쓰레기통에 버리면 밤새 비닐봉투에서 개미가 바스락바스락 움직이며 쓰레기통에서 빠져나오려는 소리가 났다.

급기야 한국에서 보고 그토록 소름 돋았던 '일족 섬멸 시스템'의 개미약이 간절해졌다. 이 미세한 악마들이 줄이어 극약을 성실하게 나르는 모습을 눈앞에서 보고 싶었다. 나를 물어대는 이 개미떼, 침대까지 올라올까 날마다 공포에 떨게 하는 이 개미떼를 일망타진하고 싶었다.

그날 이후로도 개미와 나의 영역 다툼은 계속 이어졌다. 약도 뿌려보고, 벽 틈새도 막아보고, 민트 화분도 사는 등 다양한 노력을 기울였지만, 개미는 완전히 사라지지 않고 런던을 떠나는 그날까지 내내 내 주변을 맴돌았다. 침대까지 타고 올라올까 겁이 나 침대의 네 다리에 개미가 싫어한다는 고무줄을 감고 살았을 정도였다.

그 집에 머무는 내내, 나는 보이는 족족 개미를 잔혹하게 살해했다. 몇 달 전만 해도 개미를 좋아한다는 둥, 해충으로 분류되는 게 슬프다는 둥, 개미약을 보면 소름끼친다는 둥 하더니, 나는 누구보다 냉정한 개미 살육기계가 되어버렸다.

이처럼 나의 '좋아함'은 얄팍했고 다소 환상이 가미되어 있었나보다. 막연했던 개미 흠모가 강렬한 개미 증오로 뒤바뀌고, 좋아하는 것이 많을수록 행복할 가능성이 높다고 믿는 나로서는 현실의 벽 앞에 '좋아함' 중 하나를 잃어버리게 된 것이 안타까웠지만 별수 없었다. 런던의 개미는 고독이나 우울보다 강력했던 나의 숙적이었다.

리버티의 호인

리버티 백화점에 갔는데 가구들이 너무 멋져
사진을 찍고 싶어졌다

꽤 직급이 높아 보이는 직원에게 물어보니

삶을 영롱하게 하는 건 역시
유머와 친절

안달병
호전

나는 늘 문제가 발생하면 그에 대해 고뇌하고 또 고뇌하는 사람이었다. 심지어 내가 어찌할 수 없는 문제나 그저 얌전히 결과를 기다려야 할 사항마저도 전부 끌어안고 궁리하고 또 궁리했다. 때로는 걱정이 내게 껍처럼 엉겨붙었고, 때로는 내가 걱정에 아교처럼 달라붙었다. 고민하고 또 고민해 지쳐 나자빠질 정도가 되어야 벗어날 수 있었다. 아니, 벗어났다기보다 잠깐 쉴 수가 있었다.

내 일상은 잘못 돋아난 거스러미 하나 없이 모든 것이 평평하고 말끔해야 했다. 매끈해야 할 내 삶에 뭔가 까칠하게 거슬리는 게 싫었다. 글씨가 삐뚜름하게 써진 공책 첫 장은 결국 뜯어내버렸던 것처럼, 아물지도 않은 상처마저 건드리고 건드려 결국 딱지를 떼버렸던 것처럼, 나는 반질반질한 평화를 깨는 뭔가를 그냥 내버려두지 못했다.

모두들 이런 내게 "잊어버려" "그냥 넘어가" 하고 충고했지만, 난 결코 그렇게 할 수 없었다. 깨알만한 문제가 계속 나를 괴롭혔다. 완벽하지 못한 상태에선 행복할 수가 없었다.

하지만 여행을 떠나 런던 땅에서 외톨이 생활을 시작한 이후로는 예측 불가능한 문제가 쉴새없이 터지기 시작했다. 게다가 대부분 고민해봤자 별수 없는 문제였다. 오늘 꼭 보내야 하는 원고가 있는데 돌연 인터넷이 안 되고, 어제까지 마루를 뜯을 듯 힘차던 청소기가 갑자기 머리털 하나 들이마시지 못하고, 반드시가야 하는 곳이 있는데 지하철이 쉬고, 늘 칼같이 정확한 줄만 알았던 비행기마저 연착하고, 카드가 된다고 적혀 있어서 현금 한푼 없이 음식을 먹었더니 10파운드 이상만 카드결제가 된다고하고⋯⋯. 이 끝없이 이어지는 문제상황을 일일이 고뇌하기엔 내두뇌용량이 달렸다. 매 사건마다 놀라 자빠지자니 정상적인 생활을 할 수 있을 리 없었다.

한참을 그러다보니, 나도 모르는 새 기적 같은 일이 일어났다. 어느 순간부터, 한 달짜리 고민을 일주일만 하게 되더니, 그나마도 줄고 줄어 '잠깐' 고민하고 넘기는 수준까지 도달하게 됐다. 말하자면, 모든 것을 날씨처럼 받아들이게 되었다. 아침에 커튼을 걷고 하늘을 보는데 날이 흐리면 누구나 실망한다. 하지만 아무도 종일 그에 대해 '대체 오늘 날씨는 왜 이럴까? 누구에게서 비롯된 사태인가? 개선 여지는 있는가? 내일은 어떨까?' 하며 반추하지는 않는다. 그냥 '날 흐리네⋯⋯' 하고 넘어가고 만다.

내가 문제를 바라보는 방식도 점점 이런 식으로 바뀌어갔다. 아침에 일어났는데 돌연 인터넷이 안 된다고 치자. 예전 같았다면 골머리를 싸매고 하루를 망쳤을 텐데, 이젠 그냥 '어? 비 오네? 곧 그치겠지' 하는 것처럼 '어? 안 되네? 곧 되겠지 뭐' 하게 됐다. 이건 어제까지 "맘마, 빠빠" 하던 아기가 3개 국어를 쏟아내는 것과 같은 장족의 발전이다. 나에게 이런 기적이 일어나다니 믿어지지 않는다.

'모든 것을 날씨처럼 생각하기'는 큰 효험이 있어서, 여행 기간 내내 큰 힘이 되어주었다. 심란한 일이 생겨도 그저 어쩌다 맞이한 흐린 날인 거고, 문제가 발생해도 그저 소나기일 뿐이었다. 숱한 문제가 생겨도 예전처럼 스트레스를 받지 않고 그저 적당히 떨어져서 보는 여유를 얻었다. 문젯거리를 늘 보물처럼 끌어안고 소일 삼아 걱정하던 내가 그 모든 트러블을 슬며시 내려놓는 사람이 된 것이다. 언제 다시 도질지 모르는 '안달병'이지만, 이런 회복 가능성을 발견한 것만으로도 이번 여행에 의미가 있지 않을까, 그런 생각이 들었다.

마음의
거리

한국에서 일할 때 월드와이드 브랜드를 몇 개 담당했다. 화장품, 등산복, 타이어 등등. 광고 일이 예술은 아니나 그래도 창작은 창작인지라, 당장 뭘 만들어내야 하는 내 입장에서 동기부여는 상당히 중요했다. 예술가는 머리를 강타한 영감과 마음을 뒤흔드는 창작욕에 취해, 모든 동기가 순전히 '나'에서 비롯된 창작을 하지만, 내 일은 금전관계에 의해 남이 부여한 과제를 실행하는 것이었다. 그리고 목적은 결국 판매 증진 혹은 이미지 제고였다.

결국 시작도 끝도 순수 창작과는 억만 광년 떨어져 있는 건데, 그럼에도 어쨌든 창작은 창작이니 늘 반짝하는 뭔가를 만들어내야 했다. 해서 내가 담당했던 제품, 서비스를 마음으로 좋아하려 애썼고, 도무지 마음이 가지 않으면 사랑하는 척이라도 하려 힘썼다. 그런 기분에 빠져 있어야 글을 쓸 수 있었기 때문이다. 나부터 납득할 수 없는데다, 사회악이라 생각되는 걸 남에게 권해야 하는 상황에선 결코 탐탁한 글을 쓸 수 없었다.

그러다보니 결국 내가 광고를 맡은 제품을 마치 나와 깊은 인연이 닿은 무엇인 양 바라보게 되었다. 가정해보라. 당신이 어떤 브랜드 제품을 광고해야 하는 입장이라고. 밤낮없이 그 제품을 바라보고, 만져보고, 써보고, 도저히 생각이 안 나 내던져도 보고, 깨부숴도 보고, 마침내 흡족한 아이디어가 나와 만족해도 보고, 사람들이 모두 그 제품을 칭찬할 때 으쓱해도 보고, 그 숱한 역사를 반복했다고. 로고 하나까지 선명하고, 시그널 음악까지 선연하다. 정말 내 세계의 일부, 나만의 그 무엇 같은 기분이 드는 것이다.

런던에 와서도 그때 담당했던 브랜드를 몇 차례나 마주쳤다. 당연하게도 볼 때마다 반갑고 애틋했다. 우습지만 부모 같은 마음이었다. 이곳에서 알게 된 외국인들이 내가 담당했던 제품을 쓰는 걸 보면 늘 화들짝 놀라 손가락질하며 "이거이거!" 하고 소리쳤다. 그러면 다들 "이게 왜?" 하고 물어봤고, 나는 "한국에서 난 광고회사에서 일했어. 이건 내가 담당했던 클라이언트의 제품이야!"라고 대답했다. 그러면 다들 뭘 그런 걸로 호들갑이냐는 듯 심드렁한 반응을 보였다.

사실 그렇게 설명하면서도, 나와 그 제품의 거리가 얼마나 먼지 나 역시 느꼈다. '내가 만든' 제품도 아니고, '내 회사에서 만든' 제품도 아니고, '내가 예전에 다녔던 회사에서 잠시 맡았던 광고주'의 제품이라니, 이건 뭐 거의 남이나 진배없다. 아니, 남보다 멀다. 내 이런 과장된 반가움은 결국 부질없는 것이다.

대체 제품과 광고인의 거리는 얼마나 먼 걸까. 일할 적엔 내 자식처럼 밤낮없이 어르고 달래던 제품이 갑을 관계에서 벗어나고 보니, 온전히 남의 자식이었다. 사랑하지 못하면 사랑하는 척이라도 하며 한껏 포장해 찬사를 늘어놓았던 내 제품, 내 몇 년간의 창작 소재가, 회사를 떠난 지금의 나와는 아무 관계도 아니었다. 우리 사이엔 거미줄만한 인연의 끈조차 없다. 애초부터 예견된 관계였기에 실망했던 건 아니지만, 이 기묘한 짝사랑이 다소 우스웠다. 이 먼 나라까지 와서 예전에 하던 일을 떠올리고, 예전에 맡았던 제품을 보고 반가워하는 내가 어이없었다.

이렇게 남들에겐 이 불가해한 애정과 관심을 피력하는 데 실패했지만, 그래도 나는 쭉 내가 담당했던 제품을 만나면 남몰래 마음속으로 손을 흔들곤 했다. 내가 널 참 아꼈다. 지금 난 너의 무엇도 아니지만, 그래도 이렇게 보니 좋네. 반갑네. 신통하네.

허술한 잠옷 바람으로 책을 읽으며 젖은 휴지처럼 소파에 척 붙어 늘어져 있었다. 곁에 굴러다니던 빈 생수병이 거슬려 획 던져 버리려는데 쓰레기통이 포화상태다. 날도 덥고 하니 재깍재깍 비우는 것이 현명하지 싶어 봉투를 꼭꼭 여며 들고 일어섰다. 현관문을 열고 나가면 복도 끝에 비상구 비슷한 문이 하나 있는데, 그 문을 열면 쓰레기장이 나온다. 현관에서 고작 대여섯 걸음 남짓이라, 아무도 안 마주치고 다녀올 자신이 있어, 잠옷 바람에 슬리퍼를 꿰어 신고 나섰다. 현관문은 반쯤 열어둔 채로. 비상구 문을 열고 쓰레기봉투를 획 던지고 돌아서는 단순한 동작, 지금까지 수없이 많이 해왔기에 잠결에도 할 수 있을 만치 간단한 일이었다.

그런데 오늘따라 쓰레기장이 너무 난잡했다. 그래도 그냥 내것만 던져놓고 오면 되는 일인데 무슨 오지랖이 발동했는지, 비상구 안으로 들어가 제멋대로 쓰러진 쓰레기봉투를 바로 세우고,

입을 헤벌린 봉투를 여며 묶었다. 그 곁에 고이 내 쓰레기봉투를 내려놓고 손을 탁탁 털며 밖으로 나가려고 비상구 문을 미는데 이럴 수가, 문이 꿈쩍도 안 한다. 아니겠지, 설마 아니겠지 하며 힘주어 문을 밀쳤는데 미동도 전혀 없다. 이 문은 오직 밖에서만 열 수 있는 시스템이었던 것이다! 아마도 외부인이 플랏 안으로 들어오지 못하게 하려는 목적인 듯. 그래도 경고문구 하나 정도는 있어야지! 나는 꼼짝없이 좁은 쓰레기장에 갇히고 말았다.

한참 서서 누군가 쓰레기를 버리러 오길 기다렸지만 영 잠잠했다. 불안한 마음이 점점 차올라 문을 탕탕 두드려보기도 하고, 문에 귀를 바싹 대보기도 했지만, 복도는 여전히 쥐 죽은 듯 고요했다. 30초 만에 다시 집으로 들어갈 생각이었기에 휴대전화는 물론 가져오지 않았다. 하긴 가져왔다고 해도 딱히 연락할 곳도 없었다.

들어온 문으로 다시 나가는 것은 무리일 듯해서 뒤를 돌아보니 반대편에 문이 하나 있고 'Emergency Exit(비상구)'라고 써 있었다. 저 문이 유일한 희망이다 싶어, 문을 열고 나서니 어둑하고 지저분한 계단이 나타났다. 차라리 쓰레기장에 있는 것이 낫겠다는 생각이 들 정도로 음침한 공간이었지만, 하는 수 없이 조심조심 내려갔더니 천장에 파이프가 즐비한 지하실 같은 공간이 나타났다.

내 유일한 희망인 비상구 사인만 따라서 계속 앞으로 나아갔다. 눈에 보이는 광경은 마치 영화나 드라마 속 교도소 탈출 장면의 배경과 똑같았다. 힘들게 감방 벽을 허물고 벽 너머로 들어서면 끝도 없는 지하미로가 나타나지 않던가. 아니, 교도소까지 가지 않더라도, 한국의 평범한 아파트 지하실을 상상하면 이해하기 쉬울 것이다. 서울 우리 아파트 지하실은 자전거를 보관할 수 있도록 개방되어 있었는데, 몇 년이나 살면서 딱 한 번 내려가보고는 분위기가 너무 음침해 두 번 다시 가지 않았다.

세상과 격리된 것 같은 그 고요, 누구도 온 적이 없는 것 같은 그 먼지. 내가 잠옷 바람으로 걷던 그 길이 딱 그랬다. 어둡고 조용했고 인기척이라곤 전혀 없는 길. 하지만 누가 나타나면 그게 오히려 더 공포스러울 것 같았다. 낯익은 얼굴의 서울 우리 아파트 경비 아저씨가 나타나도 무서울 판에, 여기에서 누가 나타난다면 필시 국적도 인종도 다른 누구일 텐데, 도저히 마주할 자신이 없었다.

몇 개의 갈림길을 거쳤고, 몇 개의 문을 열었다. 이제는 원래 있던 장소로 돌아가려 해도 갈 수가 없는 상황이 되어버렸다. 파이프, 시멘트, 오래된 나무, 거미줄, 곰팡이로 이루어진 으슥한 미로는 계속 이어졌다.

이렇게 런던의 지하 어딘가에 갇히고 마는가 절망에 빠지려 할 때쯤 눈앞에 나타난 문을 여니 드디어 바깥이었다. 하얀 햇살을 마주하니 온몸의 힘이 증발하는 기분이었다. 내가 어디에 있는 건가 싶어 둘러보니 우리 플랫 뒤편으로 난 큰길이었다. 어떤 경로로 내가 이곳으로 나오게 됐는지는 전혀 알 도리가 없었지만, 아무튼 사람들이 다니는 대로로 나와 안심이었다.

나는 지친 얼굴을 하고 잠옷 바람으로 도로변을 터덜터덜 걸어 집으로 향했다. 남의 행색에 일절 관심을 안 두는 런던 사람들이지만, 퀭한 얼굴에 잠옷 바람으로 거리를 걷는 깜장머리 여자는 희한하게 보였는지, 사람들이 날 빤히 쳐다보는 시선이 느껴졌다. 민망한 마음에 더 빨리 걷고 싶었지만, 집에서 신는 슬리퍼로는 무리였다. 지친 심신으로 플랫에 들어서니, 아까 열고 나간 현관문이 그대로 반쯤 열려 있었다.

이 괴상한 산보를 마치고 다시 방에 들어서자 정말이지 기분이 이상했다. 아까 엎어놓고 간 책, 기울여둔 쿠션, 먹다 남은 과자 모두 그대로였지만 뭔가 낯선 기분이 들었다. 꼭 남의 방에 들어온 기분이 들었다.

어쩌면 참 우스운 일일지도 모른다. 남의 여행 이야기를 들어보면 위기상황이란 보통 사막 한복판에서 길을 잃는다거나, 눈보라 한가운데서 다리를 다치거나 하는, 당시엔 절체절명의 순간이지만 돌아보면 멋진 모험담이 많은데, 내가 겪은 일은 나름 공포스러웠으나 하나도 맵시가 안 나는 사건이었다.

잠옷 바람으로 쓰레기봉투 들고 나섰다 쓰레기장에 갇혀 지하실을 헤매고 다닌 이야기를 '모험'이라 생각하는 사람이 세상에 있을까? 아니, 이런 사소하고 어이없는 사건이야말로, 겁 많고 소심한 내 레벨의 모험담으론 딱일지도 모르겠다.

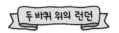
두 바퀴 위의 런던

자전거를 탄 이들이 간혹 한 팔을 펼치는 것을 보고
무슨 의미인가 했더니

뒤따르는 주변 차들을 위한 일종의 깜빡이였다

우회전
하겠음

좌회전
하겠음

그 사실을 알게 된 나는 생각했다

음…
난
런던땅에서

자전거를
타긴
힘들겠구먼
……

왜냐, 난 한 손으로는
자전거를 절대 못 타기 때문에 …

코가
간지러워도

내려서
긁는다

스카치테이프
예찬론

영국은 문구류가 비싸고 종류가 다양하지도 않다고 들었는데, 실제 런던에서 지내보니 이는 사실이었다. 우리나라엔 동네마다 있는 문구점이 여기에선 드물어서 노트 하나를 사러 백화점까지 가야 하는 웃기는 상황이 펼쳐지곤 했다.

한국에서 미리 그런 이야기를 들었던 터라 나는 노파심의 달인답게 필통을 두 개나 사서 잡동사니로 가득 채워 가져왔다. 하지만 야심차게 준비해온 스테이플러, 풀, 클립, 강력접착제 따위는 단 한 번도 쓴 적이 없고, 오히려 '과연 이게 필요할까' 싶었던 스카치테이프를 다양한 용도로 요긴하게 썼다.

일전에 어떤 여행책에서 널찍한 천을 하나 챙겨 가면 모자로, 수건으로, 이불로, 돗자리로 등등 다양하게 쓸 수 있다는 글을 읽고 무릎을 친 적이 있기에(실제로 나도 천 하나를 그렇게 썼는데 무척 요긴했다), 그 비슷한 '여행자적 조언'을 하고 싶은 마음에 내가 경험한 스카치테이프의 쓰임새를 소개해본다.

1. 먹다 남은 식재료 봉투를 밀봉할 때
2. 심심한 방에 그림을 그려 붙일 때
3. 개미가 다니는 통로인 벽 틈새를 막을 때
4. 휴지로 잘 죽지 않는 작은 벌레를 잡을 때
5. 방 안에 굴러다니는 머리카락을 치울 때
6. 지저분하게 늘어진 전선을 정리할 때
7. 자꾸 떨어지는 반창고를 고정할 때
8. 부러진 안경다리를 임시로 붙여놓을 때
9. 피복이 벗겨진 이어폰 줄을 임시로 고칠 때

급성
고독감

술에 취해 들어왔다.
복통처럼 외로웠다.
네모난 방에 동그랗게 누워
고독을 잊으려 잠을 덮었다.
밤은 얕고 잠은 깊었다.
뿌연 아침이 왔다.
외로움은 가셨다.
복통이 왔다.

동전의
양면

영국의 휴일 중엔 '5월 첫 주 월요일' '8월 마지막 주 월요일' 이런 식으로 날짜로 지정되지 않고 특정 주의 특정 요일로 정해진 공휴일이 많다. 우리나라의 명절은 대체로 날짜가 고정되어 있기 때문에 공교롭게도 그날이 일요일인 때는 휴일을 날리게 되니 해가 바뀌면 달력을 들추며 빨간 날을 찾기 바쁜데, 그런 면에서 이렇게 휴일을 '몇 월 몇 주 무슨 요일' 식으로 지정하는 게 탁월한 방식이란 생각이 든다. '영국인들은 참 정확하고 합리적이군.'

하지만 휴대전화의 경우는 달랐다. 간혹 상대가 전화를 받지 못해 음성사서함으로 넘어갈 때가 있는데, 영국에서는 이럴 때 무조건 요금이 부과된다. 요금충전식인 톱업Top up 폰을 쓰는 내 경우엔 꼬박꼬박 450원 가량이 빠져나갔다. 그래서 상대방이 전화를 안 받는다 싶으면, 음성사서함으로 넘어가기 전 신호음이 일곱 번 울렸을 때 바로 전화를 끊는 습관이 생겼다.

이렇게 조심했음에도 때로 상대방이 지하철을 타고 있거나 하면(지하철 안에서 휴대전화는 무조건 불통이다) 신호음도 울리지 않고 곧장 음성 사서함으로 넘어가더니 여지없이 요금이 부과되는 어이없는 상황도 종종 생겼다. 특히, 약속장소에서 만나기로 한 사람이 아무리 기다려도 오지 않아 전화를 걸었는데 상대가 지하철에 있으면, 이중삼중으로 헛돈을 쓰게 됐다. 이제 지하철에서 내렸나 싶어 또 전화를 걸면 역시 자동응답기로 곧바로…… 또 돈이 나간다. 이 얼마나 불합리적인가! 왜 아무도 이런 불합리성에 대해 항의하지 않는지 그게 더 이해되지 않았다.

역시 한 나라를 완벽히 '합리적이다' '비합리적이다'라고 구분하기란 어려운 것 같다. 1존, 2존…… 이런 식으로 칼같이 나누어 요금을 받는 대중교통 체계는 참으로 합리적인데, 때로 교통카드 단말기가 망가져 수십 명의 승객에게 "그냥 타슈" 하고 손짓하는 기사를 보면 (버스 운영하는 사람 관점에선) 참 비합리적이었다.

작품을 무심결에 넘어뜨릴 수가 있으니 백팩은 무조건 휴대품 보관소에 맡겨야 한다고 강조하던 미술관 스태프는 너무도 단호했지만, 내가 슬그머니 백팩을 등에서 내려 손에 들고 "이러면 어때?" 하니 "통과!"라고 말하던 그는 참 허술했다.

재미있다. 런던의 그 모든 합리성과 불합리성이.

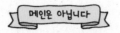

메인은 아닙니다

얼큰한 고국의 맛이 그리워 한국 음식점에 갔더니
어떤 영국인이 잡채를 먹고 있었다

오호!

다른 반찬, 밥 한 공기 없이 순전히 메인디시로!

← 한국식
스파게티쯤
된다고
생각한 듯

물론 잡채가 맛있는 음식이긴 하지만

밥으로
먹기엔 좀
그렇지
않나?

심심하고
목 막힐
텐데...

잡채만 몇 타래 퍼먹고 떠난 그를 보며
나는 오래도록 번민했다

그건
반찬이고

다른 거랑
같이먹는 거라고
말해줄걸
그랬나

어디가서
'한국음식
별로더라~'
하면 어째

다들 좋아하는 데는
이유가 있지

런던에 오기 전, 몇몇 주위 사람들이 런던에서 제일 좋아하는 박물관으로 빅토리아·앨버트 박물관❇️을 꼽았다. 심지어 어떤 사람은 런던 전체에서 가장 좋았던 장소로 이 박물관을 꼽기도 했다.

그때마다 나는 솔직히 박물관에 호불호가 존재한다는 게 다소 의아했고, 특정 박물관이 제일 인기 있는 장소로 꼽힌다는 게 못내 신기했다. 내게 박물관은 그저 박물관일 뿐이었고, 어디가 더 좋은지 딱히 판단하기도 뭐한, 그저 건조하고 엄숙하며 때론 지루하기까지 한 공간이었으니까.

하지만 막상 빅토리아·앨버트 박물관에 처음 발걸음을 하고 나서, 그간 전설처럼 들어왔던 그 모든 찬사에 깊이 공감하고야 말았다. 또한 박물관이 가장 좋아하는 장소가 될 수 있다는 걸 납득하게 되었다.

❇️ 빅토리아·앨버트 박물관
런던에 있는 장식예술 박물관. 영국의 주요 장식예술품을 소장하고 있으며 세계적으로 중요한 박물관 중의 하나다.

빅토리아·앨버트 박물관에 갈 때, 주로 사우스 켄싱턴역에서 내려 곧바로 이어지는 어둡하고 낡은 지하도를 따라 한참을 걸었다. 세월의 때가 꼼꼼하게 낀 이 오래된 지하도 중간에는 꼭 누군가가 기타든 하프든 그 길고 어두운 공간을 울리며 아련하게 연주를 하고 있었다. 그의 앞에 얌전히 동전 한 닢을 내려놓으면 연주 중간에 디리링 품위 있는 감사의 음계를 넣어주기도 했다.

그렇게 아스라이 멀어지는 음악과 함께 설레는 마음으로 얼마간 걸으면 'V&A'라는 표시와 함께 박물관으로 통하는 문이 나온다. 문을 통과해 괜히 긴장하며 가방 검사를 받고 나면 전시품이 나타나는데, 지하의 전시품은 전주 격이고 한 층을 올라가면 진짜 멜로디가 시작된다. 익살스럽고 거대한 아인슈타인의 얼굴을 시작으로 아름다운 조각과 소조의 향연이 이어진다. 이런 조소 작품은 대영박물관이나 월레스 컬렉션▓에서도 많이 봤지만, 그때는 왠지 큰 감흥이 없었다.

하지만 희한하게도 이 박물관의 조소는 하나같이 사랑스러웠다. 비누처럼 매끄럽고 향긋해 보이는 소녀의 누드상도, 아빠가 억지로 모델로 세워둔 것처럼 심통이 볼에 가득한 소녀 흉상도, 얼핏 봐도 헤롱헤롱 과하게 즐거워 보이는 사람들의 모습에 제목을 보니 '디오니소스'라고 적혀 있던 조각도, 심지어 거짓을 벌하려고 사람의 혀를 뽑는 여신의 모습까지도!

▓ 월레스 컬렉션
리차드 월레스 경이 모아놓은 작품을 전시한 소규모 갤러리. 18~19세기 프랑스 그림작품과 전 세계에서 수집한 자기와 가구, 17세기 그림, 중세 무기 등을 전시하고 있다.

보통 때라면 휘리릭 보고 지나칠, 고고하신 위인들의 두상조차 미간의 주름까지 꼼꼼히 보게 되는 건 바로 옆 큰 창에서 쏟아지는 자연광의 마력일까? 전시물을 보다가 바로 나갈 수 있는, 건물 중앙부에 위치한 정원은 햇살을 즐기는 사람들로 늘 만원이었다.

그 외에도 복식 관련된 전시물, 스테인드글라스, 회화 등등 아름다운 것투성이지만 내가 최고로 꼽는 곳은 보석관이다. 사진 인심이 너그러워 어디를 찍어도 OK인 이 박물관에서 유일하게 촬영이 금지된 곳. 어두워서 그림으로 그려두기도 어려워, 보석관에 들어갈 때마다 등잔 같이 눈을 뜨고 반짝거리는 보석들을 한참 동안 바라보곤 했다. 눈으로 찍어 마음에라도 현상하고픈 마음이었다.

사실 원래 나는 보석에 크게 흥미가 없는 사람이었다. 그저 빛깔만 다를 뿐인 광물이 지나치게 고가라는 생각만 했을 뿐. 하지만 이 보석관의 오색찬란한 장신구를 보고 나서야 왜 보석이 그토록 귀한지, 왜 수많은 이들이 보석을 탐내는지 알게 되었다. 온갖 정성을 다해 세공한 세상천지 가장 귀한 보석들이 사방에서 눈이 멀 정도로 영롱한 빛을 뿜어내는데 정신이 혼미할 지경이었다. 특히, 갖은 금은보화가 깨강정의 깨처럼 잔뜩 박힌 왕관은 그 자체가 풍기는 아우라가 굉장해서, 마치 눈이 보이지 않는 여왕이 그 왕관을 쓰고 있는 것 같아 그 앞에서 고개를 조아려야 할 듯한 느낌이었다.

그렇게 황홀하게 모든 구경을 마친 후 이번에는 지상으로 나와 정수리를 따끈히 데우며 다시 지하철역으로 향한다. 물론 바로 가지 않고 뒤돌아 켄싱턴 가든에서 숲길을 거닐다 갈 수도 있고, 지하철역 앞의 자연사박물관에서 실감나는 티라노사우루스 모형을 감상하고 갈 수도 있다. 어떤 쪽이든 호사 중의 호사다.

빅토리아·앨버트 박물관을 이렇게 좋아하게 되고 난 후, 우습지만 나는 다소 열패감을 느꼈다. 한 도시를 여행하긴 좀 길지 않나 싶은데도 런던살이를 반년이나 구상한 건 사실 누구도 알지 못하는 나만의 비밀 명소를 찾고 싶은 욕망 때문이었는데, 결국 그런 장소 따위 찾지 못하고 이렇게 다들 좋다고 하는 장소와 사랑에 빠져버렸으니까.

하지만 이런 시답잖은 마니아 정신마저 녹다운시킬 정도로 이 박물관은 매력적이었다. 그립지 않을 만큼 질리도록 가자며 수없이 드나들었지만 결국 그리워하게 될 정도로, 언제고 다시 런던을 찾는다면 이곳에 제일 처음으로 가리라 다짐했을 정도로 말이다.

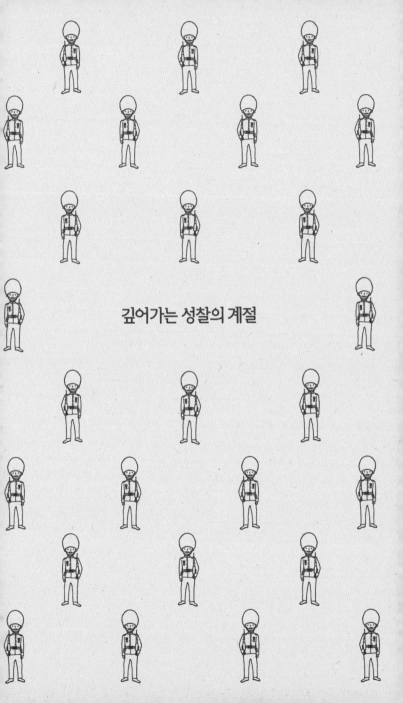

깊어가는 성찰의 계절

고독전문가

단독여행자에게 혼자라는 외로움이란 배고픔, 목마름, 피곤함과 같이 어느 순간부터 그저 늘 함께하는 생활 감정이 된다. 거리를 걷다가도 문득 외롭고, 책을 읽다가도 이따금 고독하고, 공연을 보다가도 때때로 쓸쓸한 것이다.

하지만 늘 마음 한편에 고여 있는 이 고독감에 점차 익숙해지다 보면 나름의 평화가 구축된다. 하나의 완벽한 생태계처럼 외톨이로서의 세계가 확립되는 것이다. 식사도, 음주도, 산책도 홀로 하는 고즈넉한 생활. 외로움마저 이 평화의 일부가 되어 혼자라는 상태에 만족하게 되는 순간이 온다.

실제로 이 혼자라는 것은 상당한 에너지 절약 효과가 있다. 둘 사이에 흐르는 정적마저 편안할 정도로 친밀한 사이가 아니면, 나는 이따금 타인과의 대화 중간에 찾아오는 침묵이 두렵다. 텔레비전에 얼마간 소리가 안 나오면 이를 방송사고라 하는 것처럼, 대화 사이에 공백이 생기면 한없이 초조해지는 것이다. 머릿속 여러 개의 방을 바쁘게 오가며 화제를 찾아내 귀를 잡고 끄집어낸다. 그리고 내 화제에 대한 상대의 말에 귀를 기울이고 적절한 반응을 하려 노력해야 한다. 너무 시큰둥하지도, 너무 호들갑스럽지도 않게.

물론 이런 교류는 사회적인 측면에서 장점이 많고 때로는 즐거움도 주지만, 엄청난 에너지가 필요한 일이라는 건 확실하다. 세상에는 혼자 있건, 떼로 있건 자기 페이스로 세상을 살아가는 사람이 있지만 적어도 나는 아니다. 나는 청력검사에 쓰는 울림쇠처럼 타인에게 쉽게 공명하고 나의 파장을 흐트러뜨리고 만다.

하지만 혼자라는 것은, 나만의 완전한 세계를 일그러뜨릴 타인이 아무도 없다는 걸 의미한다. 특히 여행지에서의 혼자는 정말이지 완벽한 혼자인 것이다. 여행이 길어질수록 모두들 나의 부재가 익숙해져 한국에서 오는 연락도 점점 드문드문해지고, 나는 말 그대로 기절했다 사흘 후에 깨어나도 아무도 몰라줄 사람이 되어갔다.

그런 가운데 나는 오히려 그 어느 때보다 평화로웠다. 한정된 에너지를 오직 나에게 쏟아부을 수 있었기 때문이다. 눈치를 보고 신경을 쓸 타인이 하나도 없는 생활의 연속. 여행지에서도 다양한 인연을 만나고 새로운 교류를 즐기는 사람들도 있지만 나에게는 그런 재능이 없다. 난 그저 극한까지 혼자가 되고자 이 먼 나라로 찾아왔나보다.

예술에서 찾아낸
당신의 흔적

런던 콜리세움에서 하는 발레 공연 〈백조의 호수〉를 보러 갔다. 수 세기를 내려온 우아한 몸짓이 무대를 채운다. 공연장에 울려 퍼지는 오케스트라의 연주가 황홀하다. 그 아름다운 선율 가운데 툭 투툭 발레리나와 발레리노가 무대 바닥을 뛰고 내리는 발소리가 선명하게 들린다. 높이 뛰는 동작 사이에는 '퉁!' 하는 큰 발소리가, 나긋나긋 작은 스텝엔 '톡톡톡' 하는 귀여운 발소리가 들린다. 토슈즈와 무대가 내는 소리. 아, 이게 왜 이렇게 좋지? 시종일관 나는 그 발소리에 귀를 기울였다.

이어폰을 귀에 꽂고 좋아하는 노래를 듣는다. 볼륨을 크게 키우니 소절 사이사이에 가수가 호흡을 위해 숨을 들이쉬는 소리가 들린다. 비록 녹음된 음악을 재생할 뿐이지만, 떨리는 성대를 지닌 한 인간이 과거 언젠가 마음을 다해 노래했다는 실감이 난다. 집중하지 않으면 잘 들리지도 않는 그 짧은 호흡에 '정말 사람이 노래하고 있구나! 때때로 숨을 쉬어가면서' 하고 실감한다.

갤러리에 그림을 보러 간다. 점묘화로 유명한 조르주 쇠라의 그림을 보고 감탄한다. 너무도 정교하고 철저해 누군가의 창작이 아니라 태초부터 이렇게 존재한 듯한 느낌이다. 모든 것이 완벽한 나머지 컴퓨터 그래픽 같은 착각을 줄 정도다. 하지만 그림에 다가가니 한 귀퉁이에 쇠라가 역시 점으로 표현한 사인이 있다. 'Seurat'라는 이름을 세필로 톡톡 찍어서 써놓은 것이다. 사인까지 자신의 화풍을 고수하다니 뭔가 귀엽고 사랑스럽다. 이것도 사람이 그린 거구나. 나는 유쾌해졌다.

예술이 너무 훌륭하면 그 우미함에 질리게 된달까, 사람의 숨결이 느껴지지 않을 때가 있다. 말하자면 '너무 완벽한' 것이다. 그럴 때 이런 소소한 사람의 흔적을 발견하면 나는 와락 그것이 좋아지곤 한다. 늘 고상하고 단정하기만 한 사람이 젓가락질을 괴상하게 하는 것을 발견했을 때의 기분이랄까, 친근하고 다정한 기분이 든다. 장난스러움이나 허술함 같은 사람의 흔적을 찾는 일, 그것이 내가 예술 작품을 감상하는 태도인 것 같다.

더 치열하게,
더 격정적으로

내셔널 갤러리에서 고흐의 그림을 실제로 보고 그 일렁이는 생명력에 감탄했다. 화집이나 컴퓨터 화면에서는 미처 느끼지 못했던 부분이었다. 그 생기 넘치는 색감과 격정적인 터치. 불꽃이라는 물감에 태양광을 풀어 짙푸른 나무를 찍어 그렸나 싶을 정도로 화폭에는 열정과 에너지가 가득했다. 마치 꿈틀꿈틀 살아 움직이는 것 같았다.

　그의 그림에서 삶에 대한 비관이나 우울 같은 것은 찾아볼 수가 없었다. 고흐 하면 빈곤한 삶을 살다 자살로 생을 마감한 불행한 예술가의 표상이거늘, 그의 그림에는 내가 곧잘 빠지곤 하는 사치스러운 우울이나 나태한 무기력감 따위가 전혀 보이지 않았다. 동시대 여러 화가의 그림과 함께 모아놓고 관련지식이 전혀 없는 사람들에게 "이 중 어떤 그림의 작가가 자살로 생을 마감했을까요?"라는 설문조사라도 한다면 그의 그림은 아마 한 표도 받지 않을 것이다.

그런 그의 그림을 보고 나는 문득 예전에 몰두했던 전혜린의 글을 떠올렸다.

격정적으로 사는 것-
지치도록 일하고 노력하고 열기 있게 생활하고 많이 사랑하고, 아무튼 뜨겁게 사는 것, 그 외에는 방법이 없다.
산다는 일은 그렇게도 끔찍한 일, 어려운 일이다.
그러나 그만큼 더 나는 生을 사랑한다. 집착한다.
_ 전혜린, 『그리고 아무 말도 하지 않았다』 중에서

이 삶을 향한 열정 가득한 문구는 늘 내게 자극을 준다. 내가 치열하게 살고 있나, 내 오늘이 그저 휘발되고 있는 것은 아닌가 때때로 감찰하게 되는 것이다. 하지만 이토록 에너지 충만한 글을 썼던 그녀 역시 자살로 생을 마감했다. 뜨겁게 일렁이는 해바라기를 몇 점이나 남겨놓고 자신에게 총을 쏜 고흐처럼.

살아생전 이처럼 뜨겁게 살았던 사람들이 왜 스스로 삶을 놓았을까. 그들의 그림과 글은 이다지도 생명력이 충만한데 왜 그들은 자살을 택했나. 그 이유는 결단코 '삶을 향한 열정이 부족해서'가 아니었을 게다. 어쩌면 그들이 삶을 놓은 이유 역시 그들이 너무 격정적이었기 때문일지도 모르겠다.

나도, 내 곁의 누군가도, 어쩌면 당신도 우울과 무기력에 빠져 한없이 나락으로 침잠하고 죽을 것 같다는 둥 죽고 싶다는 둥 관심을 위한 협박처럼 주위 사람에게 투정을 부렸던 때가 있을 것이다. 훗날 정말 힘든 일이 닥치면 '그때의 우울은 감정의 사치였어' 하게 되는 종류의 감상적인 우울 말이다.

하지만 이런 나약한 응석받이들은 오히려 절대 죽지 않을 거다. 곁의 사람들에게 심려를 끼치며 남의 수명을 줄일지언정, 떼쓰고 투정부리며 오래오래 살 거다. 말로만 죽음을 이야기하면서, 심장만 조금만 저릿해도 큰 병인가 의심하며 매일 영양제도 챙겨먹으며 잘도 살 거다.

역설적으로 실제 죽음을 택한 건 삶에 대한 열정으로 가득찬 사람들이었다. 사는 동안에 감당할 수 없을 정도로 많은 에너지를 쏟아냈던 사람들이었다. 그렇다고 내가 객기 충만한 사춘기 소녀처럼 자살을 추앙하는 건 아니다. 반대로 다시금 열정적으로 살아야겠다고 다짐하는 것이다. 삶은 고단했을지언정 그림에는 에너지가 넘쳤던 고흐처럼. 황금빛으로 물결치는 그의 해바라기 앞에서 난 전혜린의 글을 생각했고, 나를 생각했다. 결국 더 뜨겁게 살아야겠다고 생각했다.

런던에서 축구 보기

국가 대항 축구 경기를 하면
한국에선 당연하게도 모두가 한국을 응원한다

오늘 꽤 큰 펍에서 월드컵 경기를 봤는데
상당수의 손님이 상대국가를 응원하더라

결과는 한국의 패배—

'우리가 지면 지구촌 어느 나라는 승리의 기쁨을
누리겠구나' 하는 상상은 종종 해봤지만

여행자의
작별

외국여행 중에 만난 국적이 다른 이들과 얼마간 가까이 지내다 헤어지게 될 때가 종종 있다. 이런 헤어짐은 사실상 '남은 평생 다시는 못 볼' 헤어짐이기 때문에 마음이 짠하다. 그래서 항상 뜨겁게 포옹하고, 함께 사진을 찍고, 깨알같이 메일 주소를 교환한다. 아쉬움의 표현이니 가식적이라거나 형식적이라고 생각하진 않지만, 한편으로는 우리 모두 비슷한 생각을 할 거다. 결국 이 사람과의 인연은 여기까지구나. 과연 우리가 서로 연락할 일이 또 있을까?

나도 숱하게 남의 메일 주소를 받아적었고 내 메일 주소를 불러줬지만, 실제로 메일을 보낸다거나 메신저로 이야기를 나누는 경우는 정말 드물었다. 마지막으로 함께 찍은 사진이나 주고받으며 겨우 한두 번 메일을 주고받으면 용한 일이었다. 서로 낯선 공간에서 만나 잠시 함께 여행했다는 특수조건이 해제된 후에는 딱히 나눌 이야기도 없었고 어휘도 부족했던 것이다.

그렇게 짧게짧게 만나고 헤어지고, 메일 주소를 주고받고, 실제로는 연락을 하지 않는 일이 이어지니 당연하게도 허망한 기분이 들었다. 머리색 다르고 피부색 다른 이들과 교류한다는 사실만으로도 짜릿하던 순간을 지나니 이런 인스턴트적 관계에 지치기 시작한 것이다.

그 순간 나는 고국의 벗들을 떠올렸다. 학창 시절부터 이어져 온 동무들, 일을 시작하고 만나게 된 인연들, 그림을 그리기 시작하고 얻게 된 사람들……. 그네들을 떠올리니 마음이 푸근해졌다. 서른을 목전에 둔 지금, 구축된 인간관계를 돌아보니 어지간해선 향후 큰 변동이 없을 것 같았기 때문이다. 내가, 혹은 그들이 상대에게 치명적 실수를 범하지 않는 한 말이다.

어린 시절에는 말다툼, 질투, 패거리 간의 알력다툼, 이사, 전학 같은 사소한 이유로도 쉽게 친구를 잃곤 했는데, 지금 내가 맺고 있는 인간관계를 돌아보니 이미 서로 흉한 꼴을 숱하게 봐서 어지간한 것엔 무던해졌거나, 다 자란 후에 만나 그런 못난 모습은 서로 감출 줄 아는 사이가 대부분이었다. 이 얼마나 복된가. 이제 집이 멀어졌다고 사이가 멀어질 정도로 어리지도 않고, 친구가 다른 아이와 친밀한 것을 보고 토라지고 소원해질 정도로 유치하지도 않다.

지금은 비록 이 외딴섬에 정박해 있지만 언제고 돌아가면 마치 어제 헤어진 사람처럼 자연스레 수다가 이어질 사람들. 사진을 찍어 '모 월 모 일 우리 함께 있었네' 증명하고 메일 주소를 주고받으며 연락을 다짐하지 않아도 그저 당연하게 앞으로도 쭉 함께할 사람들. 그 모든 관계가 새삼 고맙고 그리워졌다.

셜록 홈즈의
구원

한 도시에 오래 머물다보면 어느 순간 그곳은 생경함을 잃고 밋밋한 일상의 공간으로 바뀌고 만다. 애써 거리 이름을 살피며 걷지 않아도 발길 멈추면 익숙한 버스 정류장이 있고, 굳이 버스 안내도를 살피지 않아도 타야 할 버스 번호가 머리에 콕 박혀 있으며, 딱히 안내방송을 듣지 않아도 내릴 곳이 빤하다. 지도나 지하철 노선도는 버린 지 오래고, 갖은 음식도 더는 새로울 것이 없으며, 갤러리의 그림도 닳도록 봤다. 그렇게 모든 것에 익숙해지면 권태가 찾아온다. 권태를 피해 떠나온 여행인데 또다른 권태를 맞이하게 되는 것이다.

나 역시 런던에서의 생활이 길어지자 어느 순간 이 땅이 무미, 무취, 무감동으로 다가오기 시작했다. 모든 것이 경이롭던 도시가 그저 생활공간에 불과하게 된 것이다. 만사가 새삼스럽던 때가 어제 같은데, 어느 순간 난 매 끼니만을 궁리하는 생활자가 되어버렸다. 그 화려한 리젠트 스트리트를 걸으면서도 냉장고에 우유가 남았나, 방세 낼 때가 되지 않았나 따위의 생각만 하는 거다.

이렇게 런던이 맨밥처럼 밋밋해지자 처음엔 이곳을 떠나 다른 곳으로 가는 걸 생각해봤지만, 그토록 열망하던 도시를 그런 미적지근한 마음으로 떠나고 싶지 않았다. 아쉽고도 아쉬운 마음으로 작별하고 싶었지, 지겹고도 지겨워 떠나긴 싫었다. 그렇기에 새로운 시도가 필요했다. 서로 끌어안을 때 느끼는 짜릿함이 종로에서 한 프리 허그만도 못한 권태기의 연인도 최소한 한 번쯤 애정의 스파크를 되살리려고 노력은 해보는 것처럼.

내가 이 매너리즘을 극복하고자 채택한 방법은 런던을 배경으로 한 영화나 소설 같은 창작물을 보는 거였다. 이 방법은 크게 기대하지 않았는데도 효과가 예상보다 훨씬 탁월했다. 런던에 오기 전, 런던을 배경으로 한 영화나 TV프로그램을 종종 보곤 했지만, 막상 현지에 와서 보는 건 그야말로 느낌이 판이하게 달랐다. 영화 〈클로저〉를 좋아해 한국에서 몇 번이나 봤는데도 런던에서 본 〈클로저〉는 전혀 다른 영화였다. 몇 번이나 마음속으로 삿대질을 하며 '저, 저, 저, 저기!' 하고 소리쳤다. 영화가 끝나자 마법처럼, 내가 발 딛고 있는 런던 땅이 그저 나의 생활반경이 아닌 저 아름다운 영화 속 배경으로 변모했다. 내가 이런 멋진 곳에 있다니! 가슴이 벅차올랐다.

그뿐이 아니다. 늘 읽던 애거서 크리스티의 추리소설마저 런던에서 다시 읽으니 느낌이 사뭇 달랐다. 책에 나오는 패딩턴이니 킹스 로드니 피커딜리 광장이니 하는 곳이 실제 내가 예사로

다니는 장소였기 때문이다. 작달만한 신사 포와로가 회색 뇌세포를 가동하며 바쁘게 걷던 거리를 내가 걷고 있다니 얼마나 신통한가.

그 정점을 찍은 건 영화 〈셜록 홈즈〉를 보고 나서였다. 베이커 스트리트역을 뒤덮은 홈즈 심볼만 봐도 알 수 있듯 셜록 홈즈야 말로 런던의 아이콘 아니던가. 그런 홈즈가 런던 각지를 누비며 모험을 펼치는 〈셜록 홈즈〉는 영화사적 의의나 작품성을 떠나 나에게 새로운 런던 열병을 불러일으키기에 충분했다.

장기여행자라면 분명 권태와 무기력감이 찾아온다. 자기가 멀고먼 외국에 있다는 사실만으로도 가슴이 벅차 배시시 웃음이 비어져 나오는 여행 초기가 지나면, 애써 반추하지 않으면 내가 지금 어디에 있는지도 가물가물한 순간이 분명 찾아온다. 그럴 때면 나처럼 그 땅을 배경으로 한 영화나 소설을 보는 걸 추천한다. 익숙하던 공간이 로맨스와 스릴과 서스펜스와 드라마의 배경으로 탈바꿈하는 것을 확인할 수 있을 테니.

다국적
대화
〰️

내가 한국에서 왔다고 하면 이런 질문을 하는 사람이 반드시 있었다. "너희는 중국어를 쓰니? 일본어를 쓰니?" 내겐 존재 자체가 너무도 당연한 우리말이고, 그걸 다루는 게 직업이기까지 하니 그런 질문을 받으면 참 서글펐다. 자기가 잘 알지 못하는 나라라고 언어조차 없다 생각하는 것은 실례 아닌가.

그러던 어느 날 '조지아'라는 나라에서 왔다는 아가씨 둘을 알게 됐다. 처음 들어보는 생경한 나라라 어디에 있는지 물어보니 러시아와 인접해 있다며 수첩을 꺼내 지도를 보여주었다. 알고 보니 최근까지 '그루지야'라고 부르던 작은 나라다. 너희는 어떤 언어를 쓰냐고 물어보니 조지아어, 즉 조지아 고유의 말을 쓴단다.

나는 속으로 움찔했다. 당연히 러시아어를 쓸 거라 생각했던 것이다. 결국 나도, '내가 잘 아는 나라'가 메인 요리라면 '내가 잘 모르는 나라'는 딸려오는 사이드 메뉴처럼 생각하는 다른 사람들과 같았다.

그러면서도 한편으로는 이런 변명 같은 마음이 들었다. '내가 세계정세에 통달한 것도 아니고, 세상 모든 나라를 다 알 수는 없잖아?' 아마도 내게 중국어를 쓰는지 일본어를 쓰는지 물었던 사람들도, "우리에겐 한국어라는 고유의 말이 있어"라고 항변하는 내 말을 들었을 때 같은 생각을 했을 거다. '내가 세상 모든 나라를 다 알 수는 없잖아? 한국이라는 나라, 나에게 생경한걸?' 과히 기쁘지 않은 깨달음이었다.

또 이런 걸 묻는 사람도 있었다. "신문에서 봤는데 너희 나라에선 혀를 늘리는 수술을 한다며?" 낯선 이야기라 무슨 말이냐고 묻자 "영어를 잘하게 하려고 엄마들이 아이 혀 수술을 시킨다던데!"란다. 나는 당황해서 그런 일은 들어본 적도 없다고 말했지만, 그는 "내가 분명 신문에서 읽었어"라고 말했다. 물론 아예 없는 허위사실이 기사로 나가진 않았겠지. 하지만 그것이 얼마나 드문 일인가! 정상적인 식견을 지닌 사람이라면 옳다고 할 만한 일은 아니잖은가!

놀라운 일이었다. 그런 극단적인 사례가 나온 기사를 보고 어떤 사람은 한국에 대한 이미지를 형성하는 것이다. 그것이 얼마나 희귀한 일인지는 생각지도 않고 '한국이란 그런 나라'라고 판단하는 것이다.

그 대화 이후 스스로 돌아보니, 나 역시 그런 가십성 기사를 흘긋 보고 다른 나라를 속단한 일이 더러 있었다는 걸 깨달았다.

마치 연예인 스캔들처럼 내용이 충격적일수록 괜히 널리 통용되는 사실로 믿고 싶은 심리가 있었던 것이다.

자국 사람들도 잘 알지 못하는 드문 케이스를 바탕으로 '한국은 엄마들이 아이 혀를 늘리는 나라'라고 생각한 그 사람처럼, 나도 좀처럼 일어나지 않는 일 하나를 주워듣고 다른 사람과 다른 나라를 멋대로 재단하고 살았던 것은 아닐까. 그 나라에도 별처럼 많은 사람이 있을 텐데, 내가 얻은 단편적 정보를 바탕으로 모두의 캐릭터를 일반화한 것은 아닐까.

이처럼 사람들은 한국이라는 나라에 대해 대부분 잘 알지 못했고 피상적인 이미지만 겨우 갖고 있었다. 내가 한국인이라고 하면 제일 먼저 북쪽인지, 남쪽인지를 물어왔고 남쪽이라고 대답했는데도 크게 놀라며 어떻게 나라 밖으로 빠져나왔느냐고 묻는 사람도 있었다. 남과 북 중, 어느 쪽이 민주주의 국가인지 혼동한 것이다.

그뿐이 아니다. 내가 런던의 쌀쌀한 날씨에 대해 투덜거리자 "그렇지. 너희 나라엔 겨울이 없지?"라고 말하는 사람도 있었다. 한국이 동남아시아 어딘가에 붙어 있다고 생각한 것이다. 이렇게 한국을 잘 모르는 사람들 틈에서 난 열심히 설명도 해보고, 세계적인 한국기업 이름도 대보고, 사진도 보여주고, 한국어 인사도 가르쳐보고 여러모로 애썼지만 그들이 귀담아들었는지는 잘 모르겠다.

아마도 그들이 한국에 대해 보이는 관심지수는 순전히 내가 얼마나 그들에게 매력적이었는지가 변수였을 것이다. 나라는 인간에 호감을 느꼈다면 내가 나고 자란 나라에도 호기심이 동했겠지. 크게 보면 나라의 인지도도 그런 것 같다. 그 나라에 얼마나 매력을 느끼는가, 하는 게 가장 중요하다. '나'만 생각하기에도 바쁜 이 시대에 어디 붙어 있는지도 모를 저 먼 아시아의 작은 나라에 조금이라도 시간과 주의를 할애하게 하려면 그 나라는 그들에게 충분히 매력적이어야 했다.

내가 만난 모든 서양인은 한국에 대해 잘 몰랐지만 일본에 대해서는 대체로 막연히 호감을 품고 있었다. 즉, 일본 문화는 그들에게 매력적이었던 거다. 나는, 그리고 우리나라는 어디에서 매력을 찾아야 할까? 어떤 매력을 뽐내야 할까? 런던에 머무는 동안, 내가 한국 홍보대사도 아니고 민족주의자는 더더욱 아니지만, 그저 광고를 만들고 콘텐츠를 생산하는 한 사람으로서, 한국이라는 나라를 어떤 테마와 콘셉트로 이야기하는 것이 좋을지 종종 생각해보곤 했다. 정답은 없는 고민이었지만 아무튼 부단히 생각했다. 누구도 나를 몰라주고, 내 나라를 몰라주는 것이 그다지 유쾌한 경험은 아니었기에.

외로움과 그리움은
다르다

외로움과 그리움은 다르다. 지독하게 외로운데 아무도 만나고 싶지 않은, 누구도 그립지 않은 상태에 빠져본 적이 있다면 내 말을 이해할 것이다. 나는 때로 왁자한 모임에 초청받지만 타인과의 교분 자체가 피곤해 스스로 약속을 파기하고 둥지로 파고든다. 그런 주제에 날개에 얼굴을 묻고 꺼억꺼억 외로워한다.

이렇게 외로워할 바에야 이제라도 그곳으로 향할까 싶지만 여전히 사람이 그립지는 않다. 누군가를 만난다고 해갈될 외로움이 아니기에 그저 혼자이고 싶다. 그렇게 홀로 치열하게 외로워하는 것이다. 역시, 외로움과 그리움은 다르다. 우리는 이것을 잘 구별해야 한다.

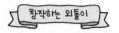

한국에 있을 때 이런 말을 곧잘 들었는데

> 넌 좋겠다 심심하면 그림 그리면 되고…

그땐 그 말이 별로 와 닿지 않았다

> 그런가… 근데 살면서 그렇게 극한까지 심심할 일이 있나?

> 세상에 할 게 얼마나 많은데…

> 그리고 그림은 누구나 그릴 수 있는 것 아닌가?

하지만 런던에 와서 매초마다 엄습하는 극한의 무료함, 외로움과 싸우며 난 느꼈다

> 다행이야 정말 다행이야 그림을 그릴 수 있어서

밥동무, 술동무 하나 없어도 흰 종이에 펜 한 자루만으로 두어 시간은 너끈히 놀 수 있다니……!

> 창작이란 최고의 취미로다

난 예술작품을 대할 때 그 장르적 특성을 십분 활용한 것에 특히
감탄한다.

최근 재미있게 본 만화책의 한 장면을 이야기하면, 남자와 여
자 두 인물이 나오는데 남자는 너무나 음침하고 범죄형으로 생
겼으며, 여자는 가냘픈 미인이다. 그리고 이런 대사가 이어진다.
"그만 좀 따라다녀요! 왜 자꾸 스토킹하는 거예요?"

그런데 만화가 끝날 때쯤, 그 대사가 모두 남자의 것이었다는
게 밝혀진다. 따라다닌 건 예쁜 여자, 스토킹 피해자는 음침한 남
자였던 거다. 그제야 말풍선의 위치가 모호했다는 사실이 눈에
들어온다. 음성이라는 요소가 없는, 오직 만화에서만 가능한 트
릭이었던 것이다.

나는 이처럼 장르적 특성을 똘똘하게 활용한 것에 특히 박수
를 보낸다. 그래서 그림을 봐도 그 어떤 언어적 묘사나 심지어 카
메라로도 담아낼 수 없는 순간의 인상, 저자의 감성을 담아낸 것

에 감탄한다. 그것은 정말이지 그림만이 표현할 수 있는 부분인 것이다.

런던에서 뮤지컬을 관람하며, 처음으로 뮤지컬이라는 장르에 눈을 떴다. 뮤지컬 문외한으로서 내가 기존에 지녔던 편견은, 뮤지컬에는 영화나 드라마 같은 리얼리티가 없다는 사실이었다. 배경이 아무리 잘 만들어져 있어도 그건 단지 무대 위에 지은 세트일 뿐이고, 주인공들은 과장된 분장을 하고, 대사 중간중간에는 춤과 노래가 들어간다. 어디까지나 연출된 극인 것이다.

난 하나의 창작물에서 비롯된 감동이 스토리를 실제라 믿고 내 상황처럼 공감하는 데서 온다고 여겼기에, 연극이나 뮤지컬처럼 '공연하고 있음'이 명확한 장르에는 감동을 느끼지 못할 줄 알았다. 배우가 세트장에서 연기하고 있는 게 눈에 여실히 보이는데, 심지어 중간중간 춤추며 노래까지 해대는데 어찌 감동을 받겠는가, 하는 게 내 생각이었다.

하지만 내 생각은 잘못된 것이었다. 나는 런던에서 처음 본 뮤지컬 〈라이온 킹〉에서 등장인물들이 노래하고 춤추며 힘차게 등장하자마자 눈물을 쏟았음을 고백한다. 수년째 이어진 공연인데도 입추의 여지 없이 가득 들어찬 객석과 그 모든 사람들이 뿜어내는 설렘 가득한 공기, 아름답게 꾸민 무대, 황홀하기까지 한 조명 그리고 탄력과 열정으로 가득 찬 배우들. 그 모든 것이 나와 한 공간에, 같은 시간에 펼쳐지고 있는 것이다! 그 어찌 감동이 없으랴.

결국 내가 상위에 놓았던 가치인 리얼리티라는 것은 극의 한 부분에 불과했다. 배우가 무대에 통나무 하나만 놓고 이것이 내 병든 아버지요, 하고 연기해도 인간은 울 수 있는 존재였다. 사실 나는 그후로도 뮤지컬을 볼 적마다 고장난 수도처럼 눈물을 쏟았다.

런던에서 정말 좋았던 점 중 하나는 뮤지컬이 그렇게 값비싼 예술은 아니었다는 사실이다. 고상하게 말해 '라스트 딜', 소위 떨이표가 많아 잘만 구하면 놀라운 가격으로 뮤지컬을 감상할 수 있었다. 그렇게 몇 가지 공연을 접했고 모든 장면 하나하나가 아름답고 웅장해 기억에 남지만, 나만의 베스트는 〈빌리 엘리엇〉이다.

특히, 명장면으로 꼽는 것은 소년 빌리와 청년 빌리가 한 무대에서 춤추는 장면. 발레리노를 꿈꾸는 소년 빌리가 미래의 자기 모습을 상상한 장면이라고 보면 될까? 어두운 무대에 두 줄기 조명이 비추고 빌리 역할의 소년과 청년이 나란히 서서 꼭 같은 모습으로 발레를 한다. 그 탄력 있는 움직임에 숨이 멎을 것만 같았다.

그리고 무엇보다 나의 마음을 흔들었던 건 이것이 오직 뮤지컬에서만 볼 수 있는 장면이라는 점이었다. 소설이었다면 '빌리는 발레리노가 된 자신의 모습을 상상했다' 정도로 표현됐을 것이고, 영화였다면 두 장면을 적절히 오버랩했을 텐데, 뮤지컬에서는 실제로 두 배우가 한 무대에서 같이 춤을 춘다. 손끝의 펼친 모양까지 한 치의 오차도 없이! 장르적 특성이 명확한 이 장면에 나는 깊이 감동했고 뮤지컬이라는 예술장르에 깊이 매료됐다.

당신이 뮤지컬광이라면 런던은 최고의 도시가 될 테고, 설령 나처럼 문외한일지라도 런던에 가면 뮤지컬을 꼭 보라고 권하고 싶다. 아니, 런던에서는 뮤지컬을 봐야 한다. 이는 정언명령이다.

3만 원어치
불행

런던에서 방을 얻어 지낸 지 이미 여러 달이어서 방을 구하는 사이트에 발길을 끊은 지 오래되었는데, 오늘은 무슨 바람이 불었는지 무심코 그곳에 들어가게 됐다. 딱히 이사할 생각은 없었지만 구경 삼아 이 방 저 방 매물로 나온 방을 둘러보는데, 어라라 매물이 넘쳐나고 내 방보다 훨씬 좋은 조건의 방인데 가격도 저렴한 게 아닌가. 억울한 마음이 들어 알아보니 유학생들이 한창 귀국하는 철이라서 그렇다나? 말하자면 비수기라 방값이 훅 내려간 것이다.

몰랐으면 차라리 마음이 편했을 것을, 판도라의 상자를 열고 나니 마음이 언짢아졌다. 정 붙이고 살던 집이지만 더 좋고 싼 집을 보고 나니 평소엔 체념하고 살던 흠이 잔뜩 보인다. 돌연 개미가 들끓는 것, 하수구가 종종 막히는 것, 마룻바닥이 썩은 것, 욕실의 곰팡이를 닦아도 닦아도 사라지지 않는 것 등등.

하지만 이사는 역시 최후의 카드이고 우선은 집 관리인에게 사정을 이야기해서 "요즘 시세가 이러하니 렌트 비용을 좀 내려 주오" 하고 청해야겠다는 생각이 들었다. 어쩌면 나는 런던에서 의사 전달과 사태 개선이라는 프로세스를 몇 번 겪고 더없이 고무되어 있었는지도 모른다. 동대문 시장에서 옷값 천 원도 제대로 못 깎는 나였지만 '이젠 달라졌으니까!' 하고 의기양양했는지도 모르겠다. 그렇게 8할의 호기로 관리인에게 전화를 걸어 이야기를 꺼냈다.

"요즘 다른 집들 보니까 렌트비가 많이 내렸던데 아세요? 그걸 보니 저도 다른 집으로 이사를 나가야 하나 싶기도 하고……."

포커로 치면 블러핑이었다. 아직 이사까지 고려한 것은 아니었지만, 일부러 그렇게 말했다. 뜸을 들이던 나는 말을 이어갔다.

"…… 그래서 말씀인데, 혹시 방값 조금 깎아주실 수 있나요? 저도 이 집 산 지 꽤 됐고, 어지간하면 계속 살고 싶어서……."

조마조마하게 말을 꺼내고 대답을 기다리는데 그녀가 말했다.

"안 내려드리면 혹시 나가실 건가요?"

"뭐, 저도 생각해봐야지요."

수화기 너머 한참을 망설이던 그녀가 말했다.

"그러면 매달 15파운드 깎아드릴게요. 더 내려드리고 싶어도 저한테는 이것도 큰돈이라……. 제가 좀 힘들거든요. 정말 죄송해요. 그래도 나가신다면…… 어쩔 수 없지요."

그렇게 힘없이 말하는 그녀에게 알겠다, 고맙다고 말을 하고 전화를 끊었다. 고작 전화 한 통에 방값이 내려갔네? 하지만 방값을 깎았는데도, 내가 그토록 원하던 수완에 능한 사람이 됐는데도 하나도, 하나도 기쁘지가 않았다. 그저 찝찝하고 언짢기만 했다. 서로 사정 뻔히 아는데 내가 간악하게 군 것만 같았다.

그녀가 집 관리도 하고 따로 짬을 내 아르바이트까지 한다는 사실에 생각이 미치자, 집을 세놓아봐야 별로 남는 게 없는 건 아닐까 걱정됐다. 사실 생각 없이 내던 집세인데 괜히 그 사이트에 들어가 시세를 보고 억울한 마음이 돋아난 거 아닌가.

추를 삼킨 듯 마음이 무거워 '15파운드면 3만 원도 안 되는 돈인걸 뭐!' 하고 마음을 다독였지만, 다시금 드는 생각은 '고작 3만 원 아끼려고 누군가를 괴롭히다니! 그 돈 없다고 죽는 것도 아닌데!'였다. 다시 전화를 걸어 원래대로 내겠다고 울부짖고 싶은 지경이었다.

아아, 이 고약한 성취감. 어디서나 뻔지르르하게 말을 잘해서 1원 한 푼 손해보지 않는 수완가가 되는 것, 그게 반드시 좋은 것만은 아니란 생각이 들었다. 아니, 적어도 천성이 그러해 아무런 심경의 변화도 느끼지 않는다면 몰라도 나는 도저히 무리라는 생각이 들었다. 성격개조 운운하며 불합리한 상황에선 무조건 따지자는 게 런던 생활의 모토였지만 아무래도 기어를 좀 낮춰야겠다. 맞지 않는 옷을 입으니 영 불편해. 오늘 오후를 무거운 마음으로 보내게 생겼잖아. 고작 월 3만 원 돈을 아끼고는 3만 겹의 시름에 짓눌렸던 날이었다.

한국에서의 나는 날씨에 둔감한 사람이었다. 일기예보에도 크게 관심을 두지 않았고, 겨울날 아침 출근할 채비를 하며 엄마에게 "오늘 춥나?" 하고 물어보는 게 다였다. 비 오는 날에는 처진다는 사람도 있지만, 나는 딱히 궂은 날씨에도 영향을 받지 않았고 어쩌면 그런 날은 평소보다 차분하게 가라앉는 기분을 즐겼던 것도 같다.

　해서 많은 사람들이 영국은 날씨가 안 좋다며 런던행을 재고해보라 했을 때 자신만만하게 말했다. "나는 날씨를 안 타는데? 나는 비 오는 날도 좋아하는데?"

　하지만 그건 '정말 지독한 날씨'를 겪어보지 못했던 나의 자만이었다. 이제야 알게 된 거지만 한국은 정말이지 날씨가 준수한 나라였다. 런던의 기본 날씨는 그림 그리다 붓을 씻은 물통처럼 칙칙한 하늘에, 한눈에 봐도 묵직해 보이는 검정 구름이 정수리에 닿을 듯 낮게 깔린 그런 날씨였다. 그 와중에 이따금 스프레이로 뿌리는 것 같은 비가 추적추적 내리고, 때로는 온종일 스커트 자락을 붙들고 있어야 할 정도로 돌풍이 불기도 한다.

날씨가 이 따위이라서 런던에선 햇볕 한 자락이 더욱 소중하고 해만 나면 다들 공원에 눕느라 정신이 없다. 여행 초기인 삼월 즈음엔, 아직 그럴 날씨도 아닌데 해가 조금 났다고 노천에서 희미한 볕 아래 어깨를 옹송그리며 밥을 먹는 사람들이 이해가 되지 않았는데 어느덧 나도 그렇게 되어버렸다. 날이 조금만 좋아도 보풀이 더덕더덕한 카디건을 벗고 어딘가에 누워 광합성을 하고 싶어진다.

그렇게 예민하게 날씨를 타게 된 바람에 아침마다 신문 운세란 대신 커튼을 열며 하루 일진을 점치게 됐다. 일어나서 커튼을 걷어보고 날이 쾌청하면 명랑한 날, 어두침침하면 울적한 날. 그런데 길일은 좀처럼 나타나지 않았고, 대부분 날씨가 흐려서 거의 매일이 운수 나쁜 날이었다.

그렇지만 오래 머물다보니 나름 날씨에 따라 그날을 보낼 최적의 장소를 찾게 됐다. 이 도시에서 맑은 날만 기다렸다 나돌아다니려면 집에 콕 박혀 있어야 하는 날이 너무 많았으니까. 해서 나는 맑은 날 갈 곳과 흐린 날 갈 곳을 따로 꼽아두고 날씨에 맞춰 행동하기로 했다.

맑은 날 가장 좋은 장소는 물론 공원이다. 한국에서 공원은 사생대회나 백일장, 소풍처럼 특별한 날 가거나 배드민턴 라켓을 챙겨 운동하러 가는 곳이었는데, 런던의 공원은 수백만 런던 시민의 뒤뜰이자 거실 같은 느낌이 든다. 가끔 '저런 걸 왜 집에서 안 하고 공원 와서 하지?' 싶은 행동도 수없이 봤다. 다들 적당히 흩어져 밥을 먹거나 잠을 자고, 책을 읽거나 술을 마셨다.

맑은 날 시내 한복판의 공원은 점심시간마다 혼자 나온 직장인들로 가득했다. 런던 직장인들은 밥시간에도 각자 따로 먹는다던데 그렇게 어디를 가나 했더니 샌드위치를 사 들고 공원으로 오는 사람도 많은 것 같았다. 다들 펴져 앉아 샌드위치를 먹다가 슈트를 입은 채 누워 잠을 잔다.

길바닥에서 자면 노숙자라 불리는 나라에서 온 나는 아무데나 척척 드러눕는 것이 처음엔 조금 낯설었지만 나중엔 자연스럽게 맑은 날이면 긴 천 한 자락을 들고 나가 공원에 자리를 펴게 됐다. 그저 낮잠을 잘 때조차 내 방 침대와 공원 잔디밭 사이에서 고민할 수 있는 곳이 런던이었다.

맑은 날 내가 좋아하는 또다른 장소는 빅토리아·앨버트 박물관이다. 워낙에 좋아하는 박물관이라 수도 없이 갔지만 특히 햇살이 쏟아지는 날엔 더더욱 가기 좋았다.

건물이 'ㅁ'자 형태라 가운데 정원 같은 공간이 있는데 맑은 날엔 이곳이 너무도 아름답다. 나무 아래엔 튤립이 피어 있고, 넓지 않은 잔디인데도 역시나 사람들이 촘촘하게 누워 있고, 소박한 분수가 빛나는 물줄기를 뿜고, 아이들은 물가에서 물장구를 치고……. 한없이 기분이 맑아지는 공간이다. 전시품 중 하나인

스테인드글라스도 맑은 날 더 또렷한 빛을 뿜내고 박물관에서 가까운 곳에 큰 공원도 있어서 햇살 좋은 날엔 늘 그곳에 갔더랬다.

흐린 날 가기 좋은 장소는 테이트 모던 미술관이다. 물론 맑은 날 가도 기가 막힌 곳이지만 나는 흐린 날이 더 좋았다. 강가에 있는 이 미술관은 위층 카페의 전망이 으뜸인데 한눈에 담기지 않을 정도로 커다란 창에 템스강이 꽉 차게 보인다. 눈이 오는 날에 한 번, 비가 오는 날에 두어 번 이 카페를 찾았는데 창가에 앉아 밖을 내다보면서 터너의 그림처럼 몰아치는 그 우울한 서정성에 감동했다. 언제고 돌아보면 가슴이 먹먹해지게 하는 풍경, 흐린 날 테이트 모던의 풍경이다.

단순히 해가 숨은 날이 아니라 비가 본격적으로 내리는 날 가기 좋은 곳은 내셔널 포트레이트 갤러리다. 내셔널 갤러리 옆구리에 붙은 이 자그마한 미술관은 비 오는 날 가면 공기 중에 감도는 눅눅한 냄새와 함께 수많은 인물의 얼굴을 감상할 수 있어서 더욱 드라마틱해진다.

하지만 그보다 더 좋은 것은 역시 카페. 차를 마실 수 있는 공간이 두 군데 있는데, 하나는 지하고 하나는 최상층이다. 둘 다 좋지만 위층의 레스토랑 겸 카페는 다소 비싸고 팬시해서, 상대적으로 저렴하고 캐주얼한 지하 카페에 더 자주 갔다. 이곳은 천장에 거대한 유리창이 있어서 비가 내리면 머리 위로 비가 쏟아지는 것 같았다. 따뜻한 초콜릿을 홀짝이며 그림 노트를 펴고 낙서를 하다 고개를 들어 회색빛 하늘이 어룽어룽 번져가는 걸 보면서 참 행복했다. 이렇게 비가 쏟아지는데 지붕 있는 곳에 머물고 있다는 안도감이 들었고, 비 때문인지 감성은 더없이 습윤해졌다. 낭만적인 감상에 빠져도 괜찮아, 나는 혼자니까.

조심스러운
행복

어릴 때 친구들과 이야기를 하다 대부분 한두 번쯤 코피를 흘려본 적이 있다는 사실을 알게 됐다. 가까이는 내 동생도 걸핏하면 코피를 쏟곤 했으니까. 하지만 나는 비강이 강철 같은지 단 한 번도 코피를 흘려본 적이 없었다. 별것도 아니지만 난 이게 무척 자랑스러웠다.

그래서 엄마에게 뽀르르 달려가 "엄마! 난 코피 한 번도 흘려본 적이 없다! 내 친구들 중에 나만 그래!" 하고 자랑했더니, 엄마는 감탄하기는커녕 심각한 얼굴로 "그런 소리 하지 마" 하는 게 아닌가.

"왜? 왜 그런 소리 하면 안 되는데?"

"그런 자랑하면 당장 코피 흘리게 될걸? 내놓고 자랑하면 나쁜 기운이 꼬여. 그런 건 속으로만 생각하는 거야."

엄마의 말인즉슨, 귀신이니 도깨비니 하는 나쁜 영적인 존재가 그런 자랑을 듣고 훼방을 놓기 시작한다나? 그런 자랑을 입밖에 꺼내놓는 순간 자랑거리가 사라지고 말 거란다. 다소 미신

적이긴 한데 이 비슷한 생각을 소설 『대지』에서도 읽은 적이 있다. 오란이 자식에 대한 찬사를 늘어놓자 남편 왕룽이 흐뭇하게 동의하다 돌연 욕설을 늘어놓는 대목이었다. 귀신이 듣고 시샘할까 겁이 났던 것이다.

엄마에게 그런 말을 듣고 나서부터 막연한 공포가 생겼다. 내가 즐겁고 행복하고 완전한 상태라는 것을 인정하고 공언한 순간, 악한 존재가 그걸 무너뜨리려 찾아든다니 몹시도 겁이 났다. 물론 그날의 짧은 대화 때문에 내 성격이 규정된 건 아니었지만, 그날 들었던 말이 매사에 다소 부정적인 내 본성과 합치되어 그후로도 계속 무언가 만족스러운 상황이 와도 '나는 행복하다' 하고 인정하는 게 무서워졌다. 그걸 인정하는 순간, 내가 행복하길 바라지 않는 어떤 존재가 방해공작을 시작할 거라는 공포가 마음 한구석에 도사리게 되었다. 그래서 늘 작든 크든 뭔가를 걱정하고 있는 게 차라리 속 편했다.

런던에 와서, 우울한 적응기를 이겨내고 내 작은 둥우리에서 햇살을 쬐며 쉬다 처음으로 '내가 행복한 것 같다'는 생각을 했다. 딱히 해야 할 일도 없고, 가야 할 곳도 없었기에 원할 때 일어나 먹고 싶은 걸 먹는 여유로운 생활이 참으로 만족스러웠다. 회사 다닐 때는 3일이든 5일이든 연휴를 얻어도 손에 든 좋은 패를 한 장씩 내려놓는 듯한 기분에 늘 초조하고 우울하기만 했는데 이렇게 기약 없는 안식일을 맞이하니 더없이 마음이 충만했다.

"아, 행복해" 하고 중얼거리려던 순간 익숙한 두려움이 머리를 들었다. 이 행복감을 인정해도 될까? 인정하는 순간 불행이 찾아드는 건 아닐까? 늘 하던 대로 뭔가 걱정거리를 찾아내 옆구리에 끼고 있는 게 옳지 않을까?

아니야, 그렇지 않아. 나는 생각을 고쳐먹었다. 익숙한 모든 것과 거리를 두려고 떠난 여행이었다. 습관적인 행복 공포증에서도 벗어나고 싶었다. 큰 소리로 '나는 행복하다'고 소리치고 싶었다. 왜? 왜 행복하다고 인정하면 안 되는 건데? 왜 걱정하며 사는 게 오히려 속 편하다고 하는 건데? 행복을 인정하면 행복이 더 큰 행복을 불러올 수도 있잖아. 부정적 생각 따위 끼어들 틈도 없이 철저하게 행복해지자. 나는 그렇게 나 자신에게 소리쳤다.

독신자의 장바구니

집 근처 마트에서 이런 행사를 자주 했다

한 개에
2파운드
두 개에
3파운드!

하나
가격에
하나 더!

그리고 나는 이런 류의 이벤트에
특히 잘 넘어가는 사람이었다

원 플러스
원이면

독약도
산다!

여기 머문 반년 동안 숱하게 걸려들고 후회하고
걸려들고 후회했음에도

새우
볶음밥만
네 끼째
......

결국은 또 걸려들었다

혼자 사는
주제에

멜론
두 덩이가
웬 말이냐

안녕,
나의 민트

그동안 동물은 몇 번 길러봤지만 식물은 키워본 역사가 별로 없다. 나와 풀의 접점이란 베란다에서 자전거를 꺼낼 적에 엄마가 가꾸는 화분이 쓰러지지 않도록 조심했던 게 다였다.

런던에 살면서도 잠시 지내다 가는 입장에서 생명체를 집에 들인다는 건 전혀 생각도 못했는데, 집에 들끓는 개미 때문에 민트에 관심을 갖게 됐다. 소설 『개미』에서 개미는 박하풀을 싫어한다고 했던 게 생각났기 때문이다.

부쩍 개미에 시달리던 어느 날, 자주 가는 마트에서 푸릇푸릇 잎사귀가 무성한 민트 화분을 1.99파운드에 팔기에 덥석 집어왔다. 경험 부족인 내가 애먼 식물을 사지로 몰아넣는 게 아닌가 겁이 났지만, 한편으로는 내 방엔 남쪽으로 난 커다란 창이 있으니 일조량과 환기에는 문제가 없겠지 하는 생각에 자신도 있었다.

그렇게 내 방에 살기 시작한 민트. 개미가 주로 드나드는 벽의 틈새 앞에 세워뒀는데 든든한 보초병이 생긴 듯하여 심리적 안정감을 얻었지만 애석하게도 실제 효력은 전혀 없었다. 개미는 화분이 있건 없건 예사로 드나들었고 실험 삼아 개미 행렬 앞에 박하잎을 놓았는데도 전혀 꺼리는 기색이 없었다. '아유, 이게 무슨 냄새야' 하고 더듬이를 움츠리고 먼 길로 돌아가기는커녕 호기심을 보이며 잎사귀로 줄지어 어정어정 다가왔다. 개미 콧방귀 소리가 들릴 정도였다.

개미 대첩에서는 일절 효과 없는 전력이라는 게 증명됐지만, 그래도 일단 내 손에 들어온 생명이기에 애지중지 가꿨다. 겉흙이 마르면 물을 주라기에 매일 흙에 손가락을 찔러넣어보며 습도를 체크해서 꼬박꼬박 물도 주고, 신선한 공기가 중요하다는 말에 환기도 자주 했다. 만성 비염 환자로 누구보다 공기의 질이 중요한 건 나인데도 게을러 늘 창문을 닫고 살다가, 민트를 들이고 난 후에는 곧잘 창문을 열었다. 가느다란 몸이 볕 쪽으로 틀어져서 자랄까봐 골고루 햇볕을 쬘 수 있게 매일매일 화분을 돌려줬고 줄기가 바람에 휘청거려 녹색 실로 살짝 묶어주기도 했다.

하지만 이게 웬일, 일주일이 조금 지나자 아래쪽 여린 잎부터 비실비실 시들어가는 것이었다! 당황한 나는 광량과 맑은 공기가 아직도 부족해서 그렇다는 생각에 실내에서 키우는 걸 포기하고 매일 아침 화분을 플랏 정원에 내어놓았다가 밤이 이슥해져서야 다시 들여놓았다. 병약한 자식 같아서 누가 해코지할까 밤새 바깥에 두기는 좀 불안했다. 무럭무럭 잘도 자라는 정원의 선배 풀 사이에서 내 허브도 생기를 회복했으면 하고 바랐건만, 바깥으로 나간 내 허브는 반짝 살아나는 듯하더니 일주일 후부터는 허리께 위치한 청년 잎사귀마저 힘을 잃어가기 시작했다.

이번엔 볕이 너무 강해서 그런가 싶어 부엌 창문에서 내다보이는 응달로 화분을 옮겼다. 볕이 아주 안 드는 건 아니지만 대체로 그늘진데다 서늘해서 내가 만약 화분이라면 눌러 살고 싶을 만큼 좋은 환경이었다. 하지만 매일 요리를 하며, 설거지를 하며, 빨래를 하며, 쓰레기를 비우며 수시로 내다보고 상태를 체크했는데도 별수가 없었다. 또 일주일이 지나니 급기야 가장 위쪽 두텁고 커다란 잎마저 힘없이 죽어갔다.

그렇게 민트의 생명이 사위어가는데도 더는 손쓸 도리가 없었다. 물을 더 자주도 줘보고, 드문드문도 줘보고, 볕에도 둬보고, 그늘에도 둬봤는데 이제 무엇을 어쩌리. 이미 가망이 없는 화분이었지만 나로서는 몇 주간의 병수발에 정이 담뿍 든 민트를 금방 처분할 수가 없었다.

무엇보다 애매한 건 내 민트가 죽었는지, 아직 숨이 붙어 있는지 하는 문제였다. 동물을 키울 때를 돌아보면 숨이 끊어지고 움직임이 멈추고 결국 뻣뻣하게 굳어가는 몸을 보며 생명이 떠났음을 인정할 수밖에 없는 순간이 오곤 했다. 내가 아무리 붙잡고 싶어도 이 생명은 이 몸을 떠났구나, 납득하게 되는 때가 오는 거다. 그때가 바로 작별할 순간이었다.

하지만 식물은? 대체 식물에게는 언제 죽음이 찾아오는가. 내 민트는 90%가 시들었지만 드물게 아직 낯빛이 녹색인 잎이 한두 개쯤 있었고 힘없이 늘어진 줄기일지언정 아직 피가, 아니 물이 도는 듯했다. 살아날 가망은 없지만 필시 완전히 넋이 떠난 것은 아니었다. 그렇게 아직 숨이 붙은 민트를 어떻게 쓰레기통에 버릴 수가 있을까.

나는 빈사상태에 들어선 듯한 내 화분을 그런 애잔한 마음으로 계속 지켜봤다. 하루가 다르게 죽음으로 진입해갔지만 그럼에도 계속 물을 주고 관심을 놓지 않았다. 하지만 어느 순간 그마저도 힘들게 됐다. 화분의 꼴이 너무 흉해져 더는 두고 볼 수가 없었던 것이다. 다른 사람들에게 이미 내 화분은 '왜 치우지 않는지 이해가 안 가는 쓰레기'에 불과했다.

나는 별수 없이 화분을 포기하기로 마음먹고 갖고 있는 가장 깨끗한 봉투에 넣어 꼭꼭 여몄다. 식물의 죽음에 대한 확신이 없는 원예 초심자로서, 빈사상태의 생명을 유기하는 기분이라 한없이 미안했다. 나 아직 살아 있으니 이렇게 버리지 말라고 희미하게 말하는 소리가 들리는 것 같아 봉투를 쓰레기터에 내려놓고 돌아서는 발걸음이 무거웠다.

내 런던살이가 끝나면 민트를 돌봐줄 이가 없을 테니 〈레옹〉의 화분처럼, 볕 좋은 공원 어딘가에 심어주고 떠나는 아름다운 작별을 기대했건만 현실은 쓰레기장이었다. 〈캐스트 어웨이〉의 윌슨처럼 외톨이 생활의 동무였기에 이 작별이 더욱 서글펐다.

아직 숨이 붙은 동무를 사지에 두고 온 것 같아 계속 생각나고 그랬다. 무겁구나, 생명의 무게여. 나는 이제 식물을 기르지 않을 것이다.

안녕, 나의 민트.

너는 나

청소년기의 나를 돌아보면 온통 세상에 싫어하는 것투성이였던 것 같다. 이 영화는 이래서 싫고, 저 사람은 저래서 싫었다. 돌아보면 단지 까탈부리는 불평쟁이에 불과했지만, 당시의 나는 뭔가를 싫어하면서 일종의 우월감을 느꼈다. 내가 어떤 것에 대해 '싫다'고 말하고 그를 비판함으로써 그보다 우위에 있다고 생각했던 것이다. '로맨틱 코미디는 질색'이라고 말하면 나는 안목 있는 영화인이 된 듯 우쭐했고, '아이돌 가수 아무개는 상업적'이라고 무시하면 내가 순수 예술인이 된 것 같았다. 일반적으로 남들이 좋다고 하는 것에는 의식적으로 반감을 가졌고 그것이 지식인(?)의 사명인 것만 같았다.

하지만 지금 돌아보면 정말이지 그 혐오가 가당찮다. 내 취향이 아니면 그저 무관심하면 그만인 것을, 일일이 주의를 기울이고 하나하나 짚어가며 험담까지 했다니 그야말로 유치한 행태였다. 단지 토를 달기 위해 관심을 두고 그에 몰두하다니 모순적인 '싫음'이었다. 뭔가를 싫어하며 마치 자신이 미욱한 대중과는 취향의 수준이 전혀 다른 고상한 사람인 양 착각했다니 얼마나 우스운가.

실제로는 나라는 존재에 자신이 없고, 내가 아무것도 아니라는 것을 깨닫는 것이 두려웠기에 남을 '까면서' 존재감을 확립했던 거다. 어떤 창작인이라도 나보다 노련하고, 나보다 노력해온 사람이라는 걸 인정했어야 했는데 어설픈 식견으로 그를 무시하고 비판하며 내가 그 사람보다 잘난 것 같은 희열을 맛봤던 거다.

문화예술 분야뿐 아니라 생활의 측면에서도 마찬가지였다. 같은 상황을 마주하면서도 불만의 꼬투리를 잡고 그에 대해 떠들며 내가 일반인과는 삶의 감각이 다른 예민한 사람인 양 뿌듯해했다. 다들 아둔해서 알아채지 못하는 불합리를 감지한 것은 나뿐이라고 우쭐해했다.

나이를 먹어가니 그때의 내가 부끄럽기 짝이 없다. 그 어리고 치기만 그득했던 우월감, 나는 특별한 사람이라는 착각, 이제야 그 모든 것을 반성한다. 다행히 그 모든 철없는 감정을 속으로만 쌓아가 어디에도 흔적을 남기지 않아 망정이지 어딘가에 기록으로 남겨뒀다면 남은 일생의 목표가 그것을 분쇄하고 소각하는 일이 될 뻔했지 뭔가.

허나 역사는 반복되기 때문에 이런 내 앞에 종종 그때의 나와 같은 사람들이 나타난다. 런던에서 만난 어떤 한국 학생도 그랬다. 우연히 책 이야기를 하다 최신 베스트셀러 이야기가 나왔는데 재미있게 봤다는 나에게 대뜸 "그 책은 쓰레기"라며 냉소하는 걸 보고 감이 왔다. 대중적 히트작에 대한 무조건적인 반감 역시 그저 남다르고 싶은 욕망에 불과하다고 인정한 나는 그 경멸이 어떤 의미인지 알았으니까.

그 아이는 만날 때마다 나에게 세상 모든 것에 대한 불만을 늘어놓았다. 자기가 사는 지역에 한국인이 너무 많아 짜증나고, 주변 사람들이 수준이 낮아 짜증나고, 일하는 곳에서 자기를 무시해서 짜증난다고 했다. 단지 불만만 있다면 타향살이가 힘들어서 그러려니 했을 텐데 그 싫음의 근원에는 어김없이 우월감이 엿보여 불편했다.

'목적도 없이 꾸역꾸역 해외로 기어나온 평범한 한국인들 틈에 섞여 있을 내가 아니야'라는 마음의 소리가 들리는 듯했다. 내 나이나 직장 이력을 잘 모르는 그 아이는 실제로 이렇게 말하기도 했다. "나이 먹어서 회사 관두고 무작정 해외 나오는 사람들은 이해가 안 가요. 완전 루저 같지 않아요?" 나는 너무 어이가 없어 그저 웃다가, 그애와는 거리를 둬야겠다고 생각했지만, 그 아이는 그후로도 버릇처럼 그랬다. 이것도 싫고, 저것도 싫다고. 뉴욕에 갈 걸 그랬다고, 런던은 최악이라고.

나는 그애가 측은했다. 그처럼 모든 것을 싫어하는 마음, 나만이 우월하다고 생각하는 마음, 그런 마음이 가장 불행하게 만드는 것은 그 누구도 아닌 자기 자신이라는 걸 잘 알고 있었기에. 뉴욕으로 갔다면 그애가 과연 행복했을까? 백 퍼센트 또다른 불만을 만들어내지 않았을까. 세상천지 내 구미에 딱 맞는 땅이 어디에 있으며, 내 바람대로만 움직여주는 사람이 누가 있겠느냐는 말이다.

당장 개선할 노력은 전혀 하지 않고 상황만 불평하는 그 태도는 우월함의 표현도 아니고 그저 못났다는 증거였다. 물론 나라고 그런 못난 구석을 완전히 버린 성인군자가 아니기에 자기반성도 했다. 저런 모습은 정말 흉하구나, 결코 멋있어 보이지 않구나, 최소한 나는 저런 모습이 자랑거리가 아니라는 걸 알 만큼은 나이가 들었구나, 참 다행이다.

그애도 나이가 들고 훗날 자신을 돌아보며 부끄러워할 때가 올까? 지금의 나처럼 어지간한 것에는 '내 마음에 들지더 않더라도 좋아하는 이가 많은 걸 보면 뭔가 있겠지' 하고 의미를 찾을 때가 올까? 그런 무던한 시선의 사람들이 똥인지 된장인지 품평할 줄도 모르는 멍청이가 아니라, 그런 투덜이 시기를 다 겪고 초연해진 사람들이라는 걸 알 때가 올까? 바라건대 꼭 그런 날이 왔으면 좋겠다. 그 악감정의 전이에 고통받을 주변인을 위해서도, 행복이라곤 없을 자신을 위해서도.

마음
다림질

기댈 곳 하나 없이 나 홀로 이국땅을 떠돌다보면 사소한 불친절에도 크게 상처받는 자신을 발견하게 된다. 미처 다 먹지도 않은 음식을 웨이터가 아무 말도 없이 획 치워간다거나, 자신의 말을 제대로 못 알아들었다고 상담원이 인상을 쓴다거나, 점원이 거스름돈을 테이블에 패대기친다거나 등등. 그런 일을 겪으면 마음이 잔뜩 쪼그라들고 두고두고 기분이 언짢다. 나도 모르게 '내가 동양인이라서? 내가 이방인이라서? 내가 관광객이라서?' 하고 자격지심 그득한 분석을 하게 되는 것이다.

동행인만 있어도 함께 욕하고 넘어갈 일이건만 혼자라는 사실 때문에 심리적 완충장치가 없어 그런지 그런 일은 오래도록 마음에 남는다. 마치 깨끗하게 빨아 입고 나온 셔츠에 간장이 튄 것처럼 진종일 거슬린다. 심할 때는 그런 일 때문에 하루를 망칠 지경까지 간다.

세상천지 모든 사람이 친절한 서비스 마인드로 무장하기란 어려운 법이고, 세상에는 모난 사람도 많기에 외국에서 장기체류를 하다보면 여지없이 그런 지뢰를 밟게 된다. 가끔 나에게 "런던 사람들 하나같이 친절하기만 하던데?"라고 말하는 이들이 있는데, 나도 배낭여행으로 짧게 체류할 땐 그렇게 느꼈던 것 같다.

허나 몇 달을 지내보니 모두가 백 퍼센트, 한결같이 그렇지는 않더라. '난 이방인이니까 모두 나에게 친절할 거야'라는 생각은 환상에 불과했다. 딱히 꼬집어 항의할 만큼 노골적이진 않지만 은연중에, 하지만 선명하게 느껴지는 모멸감 같은 걸 몇 번이나 맛봤다.

엊그제도 물건을 사는데 바코드를 찍는 점원에게 "봉투에 넣어주시겠어요?" 하고 조심스레 말했더니 "나 지금 계산하고 있잖아요!" 하고 팩 성질을 내서 황당했다. 당장 해달라고 재촉한 것도 아니었고, 흔히 하는 말을 흔히 하는 타이밍에 했을 뿐인데 그렇게 나오다니.

이런 작은 일에 수없이 의기소침해지고 하루를 날려먹은 끝에 나는 나름의 해결책을 찾았다. 고국을 떠올리며 마음을 추슬렀던 것이다. 한국에서의 따뜻하고 훈훈했던 기억을 돌아본 건 아니고 오히려 나에게 불친절했던 한국 사람들을 떠올리며 구겨진 마음을 폈다.

돌아보니 사실 서울에서도 모든 사람이 친절하기만 했던 건 아니었다. 물론 은행이나 백화점처럼 대중을 상대로 한 서비스 분야에서는 거의 모든 사람이 친절했지만(런던에서는 그런 곳에서도 불친절을 경험해 황당했던 적이 종종 있다), 가끔 동네 미용실이나 작은 식당, 지하상가 구두 가게 같은 곳에서 놀랍도록 무례한 사람들을 만나 마음을 다쳤던 일이 여러 번 있었다.

머리가 너무 엉켜 빗이 안 들어간다고 짜증을 내 나를 울적하게 했던 미용사나, 이유 없이 음식 그릇을 상에 던지듯 내려놓아 마음 상하게 했던 식당 직원, 구경하고 가라기에 들렀더니 구경만 하고 간다고 대놓고 욕하던 구두 가게 점원 등등. 돌아보니 한국에서도 여기와 똑같이 불친절한 일은 곳곳에 존재했다.

나는 지금 런던 사람과 한국 사람의 친절도를 비교하는 게 아니다. 어디가 낫고 어디가 못하다고 품평하는 것도 아니다. 내가 말하고자 하는 건 익숙한 고향땅이든, 생경한 이국땅이든 불친절한 사람은 어디에나 비슷한 빈도로 존재한다는 사실이다. 그건 결국 그 사람 자체에서 비롯된 문제이지 외톨이 동양인 여행자라는 내 조건에서 기인한 문제가 아니다. 설사 그 사람이 실제로 날 얕잡아보고 그랬다손 쳐도 그 역시 그 사람의 수준 문제인 거다. 두고두고 마음 쓸 이유가 없는 거다.

후에 나는 이 생각을 응용해 영어에 대한 자신감까지 획득했다. 영어로 이야기를 할 때 "뭐라고요? 다시 말해주시겠어요?"라고 숱하게 말하는 걸 부끄러워할 필요가 전혀 없는 거였다. 외국어를 모국어처럼 능숙하게 할 수 없는 건 당연한 거니까 그런 자괴감을 느낄 이유가 없다는 건 뭐 이미 다들 아는 사실이고, 내가 끄집어낸 건 또다른 나의 과거였다.

돌이켜보니 익숙한 한국말을 쓰는 사람들끼리도 수없이 말이 안 통해왔던 거다. "엉? 뭐라고 했어요?" "다시 말해줄래?" "나 못 알아들었어." 모국어를 쓰면서도 그런 소통 오류가 빈번한데 외국어를 쓰는 상황에서야 더 말할 것도 없다. 가만 보면 영국인들끼리도 서로 숱하게 그런다. "미안한데 뭐라 했소?" 괜찮다. 몇 번이고 되물어도 괜찮은 거다.

나만이 혈혈단신 이방인이라는 생각에 작은 사건마저 큰 멍에가 되어 괴로움이 북받친다면 고국에서의 나를 돌아보라. 거기에도 불쾌한 일, 순탄하지 않은 일은 더러 있었고, 나는 대수롭지 않게 넘겼다. 화를 낼지언정 적어도 '내가 못나 보여서 그런가?' 하고 자격지심은 느끼지 않았다.

불친절은 그저 불친절, 가해자의 품성을 탓하면 되는 일이지 내 처지를 반추하며 하루를 망칠 이유가 없다. 여행에서의 보석 같은 하루를 그렇게 허비하기엔 너무나 아까우니까. 작은 불친절에도 쉽게 마음이 쪼글쪼글해지는 나 같은 사람들이 모두 씩씩하게 마음을 슥슥 다려서 다시 매끈한 기분으로 여행했으면 하고 바라본다. 앞으로 나의 여정에도 그런 담대함이 깃들기를 바라본다.

가깝고도
아득한

이십몇 해 살며 여태껏 알고 지낸 사람이라곤 오직 한국 사람뿐이었는데 런던에서 머물면서 또래 일본 아가씨를 몇 알게 됐다. 서로 비슷한 문화권에서 왔다는 동질감에 곧잘 어울리게 됐는데 그녀들과 이야기를 나누며 의외로 많은 부분이 나와 다르다는 것에 놀랐다.

서구인은 애초부터 나와 너무도 다른 사람 같아 생각과 사는 방식의 차이가 당연하게 여겨져서 그리 놀랄 일이 없었지만(오히려 예상 밖에 비슷한 부분이 튀어나오면 그게 더 신기했다), 일본 사람은 많은 부분이 나와 비슷할 거라 생각했는데 의외로 다른 부분이 많아 재미있었다.

물론 '런던에 건너와 사는 일본 여성'이라는 제한된 그룹을 통해 추출한 결론이기에 일본 사람은 다 이렇다고 단정짓기는 뭐하지만 적어도 내 인상에 남았던 두 가지 경험을 이야기하면 다음과 같다.

"너는 성격이 참 강한 것 같아."

여행중 만난 또래 일본 아가씨에게 들었던 말이다. "너는 참 파워풀해" "너는 남자 같아"라는 말도 두어 번 더 들었다. 실제로 나는 제법 부끄럼도 타고, 낯선 사람 앞에선 진땀도 곧잘 흘리는 데다, 선천적 소심증을 앓는 사람인지라 그런 말을 들으니 참 신기했다.

한국에서는 "너 참 여리다"라거나 "너 A형이지?"라는 말을 주로 듣고 살았는데, 일본 아가씨들에겐 참 터프한 여자로 보였나 보다. 그녀들은 대부분 우리 기준으로 조용하고 소극적이었다. 목소리를 높이는 일도 없고 늘 차분하고 상냥했다. 주도적으로 의견을 내거나 리더가 되어 무리를 이끄는 일도 드물었다.

그래서인지 여행지에서의 흥분감에 큰 소리로 농담을 건네고, 맥주를 몇 파인트씩 마셔대는 내가 그녀들의 눈엔 참 강해 보였던 것 같다. 그저 한국 사람에게는 일반적인 수준으로 내 의견을 냈을 뿐인데도 자기주장이 강한 사람처럼 보였나보다.

가끔 영화나 만화를 통해 익힌 짧은 일본어로 말을 꺼내면 여지없이 "그건 남자들이 쓰는 말이야!"라는 지적이 돌아왔다. 나로서는 여자가 쓰는 말, 남자가 쓰는 말이 서로 다른 것조차 신기해서 "나는 이 말이 더 좋은데…… 여자가 남자 말을 쓰면 이상해?" 하고 물어보면, 다들 웃으며 "그런 일은 거의 없고 정말로 이상하게 들려"라고 대꾸하곤 했다.

그녀들 사이에서 '거친 여자'로 취급받는 데 크게 불만은 없었지만, 한편으로는 점차 사이가 가까워질수록 진짜 나에 대해 이야기해주고 싶었다. 실제 나는 여리고, 섬세하고, 조용한 사람이고, 한국에서는 나 같은 성격이 '소심'에 가깝다고 말해주고 싶었다.

하지만 말로 설명해봤자 제대로 전해지지도 않았고, 결국 나는 그냥 성격 강한 사람으로 남았다. 아니, 어쩌면 우리나라에서나 내가 소극적인 편이지 실제 일본 여성들 틈에서는 정말 강한 사람일지도 몰랐다. 백 리 밖에서도 아는 이름난 소심인이 대찬 강골로 다시 태어난 거다.

"너는 참 보수적인 것 같아."

일본 아가씨들에게 몇 차례 들었던 또다른 말이다. 한국에서는 내가 보수적이라고 생각한 적이 별로 없고 오히려 우리 사회의 폐쇄성과 엄숙주의에 염증을 느끼던 축이라 이 말을 들었을 때도 참 신기했다.

아직도 몇 가지 상황이 또렷이 기억난다. 사려 깊고 어른스러워 좋아하던 한 일본 친구가 두 가지 아르바이트 중 하나를 택해야 한다고 고민했는데, 하나는 평범한 샌드위치 가게 점원 일이었고 다른 하나 '캬바쿠라'라는 일본식 술집의 소위 호스티스 일이었다. 유흥업에 종사하는 게 자랑거리가 되지 못하는 문화권에서 온 나는 그 두 가지 일이 동일선상에서 비교되는 것에 깜짝 놀랐다. 내놓고 말할 만큼 거리낌이 없다는 것에도 놀랐다. 그 친구는 결국 급료가 높은 술집 일을 택했고 별로 감추는 기색도 없었다.

또 이런 일도 있었다. "새 남자친구가 갖고 싶어"라며 지극히 소녀다운 푸념을 하는 일본 아이에게 장난스럽게 "새 남자친구? 헌 남자친구는 있나보네" 하고 농담을 걸었더니 한숨을 푹 쉬며 "응, 근데 지금 사귀는 사람은 유부남이라 좀 귀찮은 일이 많아" 하는 게 아닌가! 그때도 나는 무척 놀랐다. 다른 일본 아이들이 그리 놀라지 않는 것에도 놀랐다.

그런 대화를 나눌 때마다 폰트 사이즈 100짜리 궁서체로 '경악'이라고 얼굴에 써 있는 내게 일본 아가씨들은 그랬다. "너는 참 보수적이구나!" 그들 사이에서 나는 얌전하고, 순진하고, 어쩌면 촌스럽기까지 한 사람이었다.

비행기로 두어 시간 날아가면 닿는 가까운 거리에 있는 사람들과도 이렇게 서로 다른 게 참 신기하다. 언젠가부터 내 인생 슬로건이 된 "역시 인간은 재미있어"라는 말이 새삼 와닿는 순간이었다. 한국에선 소심했던 내가 드센 여자가 되고, 한국에선 오픈 마인드라 자부했던 내가 중세시대에서 온 듯한 보수성을 자랑하게 되다니. 세상 인구가 60억이 넘는다고 내 개성이 소실될 걱정은 없는 것 같다. 세상 사람들은 이다지도 제각기 다르고, 국경만 넘어도 난 다른 캐릭터가 되니 말이다. 이 모든 다름이 정말 재미있다.

불청객의 방문

영국에서도 난 집에선 신발을 벗고 생활했다

그런데 하루는 건물 전체의 수리 문제로
경비와 건축업자가 찾아왔다

그리고는 너무도 당연하게 신을 신고 온 집을 돌아다녔다

그들이 돌아간 후 분노의 걸레질을 하며 생각했다

행복
프리즘론

가끔 생각한다. 행복이라는 건 어떤 특수한 종류의 프리즘이 아닐까 하고. 이 투명한 물체는 분명 내 손안에 있는데도 고개를 숙여 내려다보면 도통 보이지 않는다. 유리알처럼 말갛고 물처럼 속이 훤히 비쳐서 마치 없는 듯 감쪽같기만 하다. 왜 아무것도 없지? 왜 내 손은 비어 있지?

불안한 마음에 남의 손안을 엿보면 전혀 다르다. 남의 손에 있는 프리즘은 어쩌나 찬란하게 무지갯빛을 뿜는지 부럽고 샘나고 질투가 솟는다. 내 손은 텅 빈 듯이 보이는데 남들은 모두 무지개를 쥐고 있는 것이다. 모두가 각자 자신만의 프리즘을 갖고 있으면서도 제 것은 보지 못하고 남의 것만 부러워하는 것, 그게 행복을 바라보는 우리의 시선이 아닐까.

런던에 있으면서 고국에서 날아온 '부럽다'는 말을 숱하게 들었다. 당연히 그럴 것이다. 나는 그 모든 구속과 의무를 떨치고 외국으로 날아간 사람이었다. 고국에 남은 이들은 내가 내려두고 온 멍에를 아직도 쓰고 있을 터였다. 그렇지만 나는 가끔 그리 행복하지 않았다. 객지 생활은 생각처럼 아름답지 않았다. 때때로 무기력과 우울, 불안과 고독이 찾아들 때면 오히려 익숙하고 안온한 땅에 있는 사람들이 부러웠다.

하지만 막상 런던을 떠날 무렵이 되자 그곳에 더 머무를 수 있는 사람들이 부러워지기 시작했다. 귀국하면 나를 기다릴 고단한 현실로 돌아가고 싶지 않았다. 반대로 런던 땅에 남아야 하는 사람들은 그랬다. 한국으로 돌아가는 내가 부럽다고, 나도 돌아가고 싶다고. 우리는 이렇게 끝없이 서로 부러워하기만 했다.

분명 내 손에도 프리즘 한 개가 있는데 잘 보이지 않는다. 우리는 서로 상대방의 손을 쳐다보며 내게는 저 무지개가 없다고 한숨짓는다. 이 사실을 뻔히 알면서도 도무지 고쳐지질 않는다. 행복의 방법을 뻔히 알면서도 안 되는 거다. 타인의 눈에는 분명 내 무지개가 보일 텐데 어째서 나는 아무것도 없는 듯 여겨질까. 내 손안에서 무지개를 보기란 왜 이렇게 어려울까. 정말 행복하고 싶은데, 행복해지기란 왜 이렇게 힘든 걸까.

여행적
위기상황

장기여행이라는 일생일대의 플랜을 실행하며, 런던에서 가장 금
기시했던 문장은 이것이었다. '한국에 돌아가고 싶다.' 이미 향후
일정이 짜여 있었고 심지어 비행기 티켓마저 날짜가 붙박이라
이 문장만은 혹시라도 입에 담아서도, 마음에 떠올려서도 안 되
는 거였다. 셀 수 없는 불면의 밤을 지나 수많은 것을 포기하고
날아온 이 땅에서 여행 중도 포기 선언이라니. 나 자신에게도 수
치요, 남들에게도 불명예였다.

그런 각오 때문이었을까, 다행히 돌아가고 싶다는 생각은 한
번도 들지 않았다. 냉장고 같았던 홈스테이 집에서 2인용 전기방
석에 몸을 웅크리고 잘 때도, 생선토막처럼 차가운 런던 사람들
에게 질렸을 때도, 급성적 무기력감에 소파 지박령이 됐을 때도
돌아가고 싶다는 생각만은 하지 않았다. 오히려 위기상황일수록
오기 버튼이 눌려져서 그랬는지 '돌아가더라도 아쉬워하며 가지,
싫어서 떠나진 않겠다'고 이를 악물었다.

심지어 외톨이 여행자 최고의 위기상황으로 꼽히는 '아픈 상황'에서도 그런 생각만은 하지 않았다. 지독한 감기에 걸려 기침을 하고 하고 또 해서 뱃가죽이 쑤시고, 코를 풀고 풀고 또 풀어서 콧망울이 빨갛게 벗겨질 지경이었을 때도 비틀비틀 약국에 가서 영어로 된 설명서를 해독하며 약을 사 먹었을 뿐, 집에 가고 싶다는 생각만은 하지 않았다. 그때의 기분은 마치 전사가 된 것 같았다. 여행에 투신해 '죽어도 여기에서 죽는다!'는 나답지 않은 각오를 품고 있다니, 나에게 이런 독함이 있다니.

하지만 의외의 부분에서 금기의 문장이 튀어나왔다. 인정하고 싶지 않아 외면하고 있었는데 확실히 물이 안 좋아 그런지 머리를 감을 적마다 머리털이 한 움큼씩 빠지는 게 아닌가! 아무래도 긴장상황인 탓도 있고 영양상태가 좋지 못한 탓도 있으리라. 거울을 볼 적마다 가르마가 넓어지고 이마를 고르게 뒤덮던 앞머리가 쩍쩍 갈라지기 시작했다. 방바닥에 떨어진 머리털은 주워도 주워도 금세 수북이 쌓이고, 어느샌가 늘 묶던 머리끈이 헐거워졌다. 그렇게 머리숱을 신경쓰며 거울을 들어 정수리를 관찰하다 나도 모르게 "아, 집에 가고 싶다" 하고 금기의 그 문장을 읊조리고 말았다. 내뱉고도 흠칫 놀랐지만 확실히 그런 마음이 들었던 거다.

죽어도 여기에서 죽는다는 둥 그럴싸한 의기에 취했던 여행 전사도 민머리가 되는 것은 싫었나보다. 고독과 병마는 이겨낼 수 있어도 탈모만은 무리였나보다. 이 어이없는 상황에 픽 웃으며, 그래도 돌아갈 순 없지 하고 마음을 다독였다. 그러고 곧장 천연화장품을 판다는 잡화점에 달려가 "나 머리털 왕창 빠져! 샴푸 추천 좀!" 하고 외쳤다. 그후에도 드라마틱하게 머리숱이 다시 회복되진 않았지만 그래도 근근이 현상유지는 해냈고 다행히 대머리로 귀국하는 일만은 피할 수 있었다.

여행적 위기상황은 이렇게 불현듯, 사소한 일에서 비롯된다. 고열에 신음하면서도 돌아갈 생각만은 않더니, 문득 베개에 떨어진 몇 가닥의 머리털을 보고 "나 돌아갈래!" 하고 외치게 되다니 우습지 뭔가. 이렇게 돌아가고 싶은 마음이 쌓이고 쌓여 중도포기의 수치든, 불명예든 상관없이 오직 집만이 그립다면 그때야말로 정말 귀향의 계절이지만 아직은 아니다. 이건 고작 하나의 위기에 불과해. 아가씨의 행태와는 거리가 멀지만, 끝이 삐죽한 브러시를 사서 지압 삼아 정수리를 날마다 통통 두드리며 버텼다.

쓰는 재미,
아끼는 가치

내 유전자엔 검약정신이 깃들어 있다. 소비를 하면 만족감도 있지만 죄책감이 늘 함께 온다. 내 이런 성향이 어디에서 비롯됐는지 모르겠다. 가정교육에서 나온 것이라 하기도 뭐한 것이, 같은 집에서 나고 자란 내 동생은 나와 전혀 다르다. 열린 지갑의 소유자인 것이다. 오직 나만 이렇게 지출하는 데 공포를 느낀다. 물론 술 한잔하고 티셔츠 한 벌을 사고 뭐 이런 소소한 지출은 밥 먹듯 했지만 좀 단위가 커지면 겁부터 덜컥 났다. 직장생활이 몇 년인데도 큰돈을 써야 하는, 말하자면 '어른의 지출'을 할 때마다 마음이 쿵 내려앉았다.

외국생활, 처음 해보는 독립생활이라는 것은 그야말로 지출의 연속이었다. 그것도 물가가 사람 잡기로 유명한 런던 아닌가! 숨만 쉬어도 돈이었다. 익숙하지 않은 단위의 금액을 대하며 머릿속으로 늘 곱셈을 하고 기가 질리곤 했다. 매달 찾아오는 집세 내는 날에는 엄청난 돈이 뭉텅 빠져나갔다. 무엇보다 나는 이제 고

정수입이 없는 사람 아닌가. 그러모아둔 돈을 마냥 써나가는 생활을 시작하게 된 것이다.

그래서 처음엔 가계부도 열심히 썼다. 하지만 어느 순간 그 모든 걸 놓아버렸다. 플러스는 일절 없고 마이너스만 이어지는 가계부는 쓰면 쓸수록 마음만 무거워졌기 때문이기도 하지만, 그보다는 이렇게 새로운 세상에 나와 무작정 절약만을 최우선으로 삼는 건 오히려 손해라는 생각이 들었기 때문이다.

돈이 아까워 아끼기만 하려면 왜 나왔는가! 집에 있었다면 애초부터 돈 쓸 일이 없지 않은가. 큰 기회비용을 들여 먼 나라까지 와서 비싸다고 전시회도 안 가고, 뮤지컬도 안 보고, 맛있는 것도 안 먹는다면 그게 더 손해라는 생각이 들었다. 나는 그렇게 검약한 나를 잠재우고 힘껏 지갑을 열었다.

그러면서 돈과 나의 관계를 다시 보게 됐다. 내가 느낀 건 두 가지였다. 우선 첫째로는, 소비에 대한 자책감을 버리자 의외로 즐거움이 찾아오더라는 것. 그저 개미처럼 축적만을 목표로 하는 삶에는 재미가 적다는 걸 알게 됐달까.

물론 이는 과소비나 낭비를 말하는 게 아니다. 말하자면 식료품 쇼핑 목록에 꼭 사야 할 우유나 달걀 외에 그럴듯한 와인 한 병을 추가하는 것, 이따금 팬시한 장소에서 코스 요리를 먹으며 기분을 내는 것, 그런 '번외의' 소비를 말하는 것이다.

와인 따위 안 마셔도 그만인, 그야말로 잉여 품목이지만 사다 곁에 두고 내내 흐뭇하게 바라보다 어느 저녁 이때다 싶어 홀로 술

잔을 기울이면 내가 지출한 금액 이상의 기쁨을 얻을 수 있었다.

전망이 기가 막힌 내셔널 포트레이트 갤러리 최상층 카페에서 차를 한잔 마시는 게 삶을 영위하기 위해 꼭 해야 하는 일은 아니었지만 그럴 때는 더없이 기분이 좋았다. 필요해서^{Need}가 아니라 원해서^{Want} 한 소비지만 가격 대비 효능이 상당했던 것이다.

이런 사실을 알게 되고 나서, 귀국 후 소비 생활에 뭔가 자신감이 생겼다. 사고 싶었는데 '낭비 아닌가?' 하고 고민했던 물품을 다 사야겠다고 생각했고, 배우고 싶었는데 '너무 비싼데' 하며 망설였던 강좌를 모두 등록해야겠다고 생각했다.

이렇게 고물가 도시에서 물 쓰듯 큰돈을 쓰며 아무런 생산도 하지 않고 그저 '존재하고' 있다보니, 고국에서 그토록 망설였던 위시리스트가 그리 비싸 보이지도 않았다. 다 가치가 있는 건데 너무 심하게 망설였다. 분수에 넘치지 않는 선에서 하는 소비라면, 너무 죄책감을 느낄 필요가 없었는데…….

그리고 둘째로 느낀 건, 한편으로는 그런 검소한 나날이 있었기에 지금의 내가 있다는 사실이었다. 그렇게 막연히 큰돈을 쓰는 데 공포를 느꼈기에 나는 저축을 꽤 할 수 있었고, 그 덕분에 런던으로 와서 이런 경험을 할 수가 있었던 것이다.

사실 직장생활을 하는 동안 매월 저축을 했지만 그러면서도 그 돈의 가치는 잘 몰랐다. 금액이 커져가는 건 즐거웠지만 사실은 막연하기만 했다. 나는 왜 이 돈을 모으는 걸까? 결국은 미래를 위한 거겠지만 대체 어떤 미래인지, 감이 잡히지도 않는 미래였다. 나는 뭘 위해 밤새워 일을 하며 돈을 모으는 걸까? 결혼자금인가? 노후자금인가? 혹시 아플 때를 위한 비상금인가?

하지만 이젠 알겠다. 나는 그런 금전 자원으로 이렇게 새로운 경험을 할 수 있는 거다. 다른 세상으로 날아갈 수 있는 거다. 그렇게 생각하니 그때의 내가 대견하고 고맙다. 왜인지는 모르겠지만 어쩐지 그래야 할 것 같아서 비싼 가방 앞에서 발길을 돌렸던 내가 있었기에, 외국에서 몇 달이나 놀고먹을 수 있는 내가 있으니까.

이 두 종류의 깨달음은 어떤 면에서는 양가적이다. 돈 쓰는 재미를 알게 된 것과 절약의 가치를 알게 된 것. 하지만 생각해보면 단순하고 그야말로 평범한 결론이다. 쓸 때 쓰고, 아낄 때 아끼자는 것. 깨달음이라고 하기 민망할 정도로 흔해빠진 이야기지만, 나는 런던에서 그걸 제대로 느꼈다. 앞으로 내가 어떤 식으로 돈을 써야 하는지, 어떤 자세로 돈을 모아야 하는지를 알았다. 소비하는 데 죄책감을 느끼지 않고 가치를 위해서는 아낌없이 투자하되, 이같이 더 큰 세상을 보는 일을 위해서는 차분히 저축하며 준비할 것. 그게 앞으로 돈을 대하는 나의 태도라고 생각했다.

서울로 돌아가서 내 삶이 더 풍요로워질 것 같다. 좀더 부차적인 것에 투자하며 즐거움을 찾을 수 있을 것이고, 그런 한편으론 저축하는 즐거움도 커질 것 같다. 일하는 것에 대한 의미도 새로

이 찾을 수 있을 것이다.

　너무 어린 나이에 직장생활을 시작해서 그런지 급여라는 것의 개념이 막연하기만 했는데, 알고 보니 그건 원하는 걸 얻으라고 나오는 돈이었다. 정말 갖고 싶은 가전제품은 너무 애태우지 말고 사고, 보고 싶은 공연은 다소 부담이 되어도 보고, 배우고 싶은 게 있으면 '그게 돈 버는 데 무슨 소용' 하는 생각 따위는 접고 배워야겠다. 물론 저축도 꾸준히 해나가야겠다. 그래야 먼 훗날 가고 싶은 곳에 갈 수 있고 하고 싶은 일을 할 수 있을 테니까.

팁을
드리자면

우리나라에서는 서비스를 받고 팁을 주는 일이 그리 흔하지 않기 때문에, 팁 문화가 보편적인 곳을 여행하는 동안에는 늘 서비스를 받고 값을 치를 적에 긴장하게 된다. 얼마 이상을 내야 어글리 코리안이라는 소리를 안 듣고, 또 얼마 이하를 내야 허세를 부리지 않는 선일까.

이 줄타기가 너무 힘들어 런던에 와서 꽤 오랫동안 여행책의 가이드를 정언 명령처럼 따르며 음식값의 10~15%를 꼬박꼬박 팁으로 냈는데, 후에 여유를 찾고 둘러보니 그게 꼭 의무사항도 아니었고 애초부터 팁이 포함된 경우도 많았다. 가끔 계산서에 '서비스 요금이 포함되어 있지 않습니다'라고 우회적으로 팁을 요구하는 문구가 박힌 경우가 있는데, 다들 값을 치르고 남은 동전 몇 닢을 테이블에 놓고 나가는 정도였지 나처럼 계산기를 두드리며 10%니 15%니 따지지는 않는 듯했다. 미국에선 팁이 성에 안 차면 웨이터가 큰길 바깥까지 쫓아나오는 일도 있다던데, 영국은 그냥 주면 좋고, 안 주면 마는 정도의 분위기였다.

이렇게 얼마를 어떻게 내는 게 좋은지 상황도식은 대충 이해했는데 여전히 심정적인 부분에서 팁은 익숙하지 않은 문화였다. 기본적으로 팁은 서비스를 잘해준 이에게 감사를 표시하는 것이고 때때로 나 역시 담당자의 친절한 마음씨에 감탄한 나머지 저절로 지갑에 손이 갈 때가 있었다.

하지만 결국 팁은 당사자의 손바닥에 쥐여주는 게 아니라 테이블에 슬쩍 두고 나오거나 카운터의 바구니에 넣고 나가는 시스템으로, 돈을 내려놓은 후의 상황을 전혀 알 수 없는 구조였다. 생색을 내려는 건 아니지만, 내가 산타 할아버지도 아니고 소정의 선의를 전하고 반응도 보지 못한 채 사라지는 게 참으로 이상했다.

말하자면 이런 거다. 근사한 식사를 하고 서비스에 흡족한 나는 팁을 챙겨주기로 마음먹는다. 1파운드? 아니지, 저 친절한 총각에겐 2파운드가 좋겠어. 은쟁반에 놓인 계산서가 날아오고 결제를 마친 나는 묵직한 2파운드 동전을 꺼내 딸각 내려놓고 가방을 둘러멘다. 내 담당 웨이터는 어디에서 일하는지 보이지도 않는다. 식사도 마쳤는데 멀뚱히 그를 기다렸다 "나 팁 줬어" 하고 생색내고 가는 것도 우스워서 그냥 머쓱하게 문을 열고 나간다. 등뒤로 문이 닫히고 상황 끝.

가난한 여행자가 고심하며 털어낸 2파운드가 전하고 싶었던 이에게 제대로 갔는지, 다른 이가 가로챘는지, 사장님 주머니로 들어갔는지 전혀 알 수가 없고 제대로 전해졌다고 해도 그이의 흐뭇한 미소조차 볼 수가 없다.

아니, 사실 무엇보다 난감했던 부분은 사실 이 팁이라는 게 받는 이의 미소 운운하며 생색내기엔 너무 푼돈이라는 사실이었다. 물론 모으면 나름의 수입원이 될 테니 무시할 수 없는 금액이고, 갑부가 아닌 내게도 결코 하찮은 돈은 아니었지만, 그래도 결국 동전 몇 닢, 많아야 몇 천 원이었다. 나는 돈 이야기란 늘 민망하고 피하고 싶은 한국 사람, 다 큰 어른끼리 까까 사 먹으라고 용돈 주는 것도 아니고 동전 몇 개를 주고받는 게 한없이 쑥스러운 전형적인 한국 사람이었던 것이다.

그냥 내놓기엔 다소 아까운데, 그렇게 애써 내놓아도 결국 결과는 별반 차이가 없고, 따져보면 사실 알량한 금액이라 공론화하기도 민망한 요 팁은 늘 내 마음을 쪼그라들게 했고 마침내 희한한 방식으로 문제를 일으켰다.

한 동네에 오래 머물며 나름 단골이라 할 수 있는 작은 음식점이 생겼는데 자주 가다보니 직원들과 인간적인 교분을 쌓게 되었다. "헤이, 너 왔니?" "응, 늘 먹던 그걸로 부탁해!" 하는 식의 친분 말이다. 보통 팁 문화에 익숙한 사람들은 이럴 때 별 신경 안 쓰거나 보통 때보다 팁을 더 챙겨준다거나 하는 식으로 자연스럽게 해나가던데 나는 이미 사람과 사람으로 친구 비슷하게 된 이들에게 푼돈을 쥐여주는 게 평소보다 곱절로 민망해지기 시작했다. 계산을 하고 나서도 주인이니 점원이니 나에게 무어라 말을 붙이며 잡담을 건네는데 어떤 타이밍에 얼마를 어떻게 두고 가야 할지 마음이 번잡했다.

생각해보라. 어서 오라고 반갑게 맞아주고, 날씨 이야기를 하고, 다정하게 웃어주며 또 오라고 말하는 벗 앞에서 동전 몇 닢을 꺼내놓고 가는 모습을. 뭐 서구인에겐 당연한 것이려나? 하지만 나는 괜히 얼굴이 빨갛게 달아오르는 기분이었다. 친구에게 푼돈이라니! 벗에게 팁이라니! 그렇다고 마치 서비스에 만족 못한 사람처럼 팽 나가버릴 수도 없는 노릇이고…….

그렇게 쓸데없이 번민하던 나는 결국 그 음식점에 발길이 뜸해졌다. 어이없지만 나는 그렇게나 팁과 친하지 못한 사람이었다.

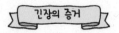

긴장의 증거

한국에 있을 적엔 사도 사도 분실했던 물품들

여행을 준비하며 서너 개 씩 챙겨왔는데
놀랍게도 반년간 단 한 개도 잃어버리지 않았다

어쩌면 이것은 내 긴장의 증거,
긴 여행 내내 나는 마음의 고삐를 늦추지 않았던 거다

아무튼 신통한 일이다

나를
사유하기

나는 원체 나라는 인간 자체에 대해 골똘히 생각하는 편이다. 어쩌면 소심한 성격 탓에 타인의 별 뜻 없는 언행에 숱하게 상처받고, 그렇게 심약한 자신에 자괴감을 느껴 '나는 왜 이럴까'를 빈번히 생각하다 이렇게 되었는지도 모르겠다. 이런 성격은 심리학을 전공하면서 더욱 심화되었다. 책에서 읽고 강의에서 들은 모든 정보를 대입하고 실험할 수 있는 가장 가까운 대상자가 '나'였기 때문이다.

그렇게 오래도록 나를 사유하며 수십 해 감아쥐고 살아온 나라는 사람을 어느 정도 파악했다고 생각했는데 여행을 시작하고 오래 홀로 떠돌며 전혀 새로운 나에 대해 알아가게 됐다. 이국에서 새로운 생활을 시작한다는 건 모든 삶의 터전을 0에서부터 새로 쌓아올린다는 의미로, 집이나 먹을거리 같은 물질적인 것에서 새 친구 만들기 같은 관계적인 차원까지 그야말로 무에서 유를 창출하는 행위다. 내 찬장에는 소금 한 톨 없고, 휴대전화에는 저장된 전화번호 하나 없다.

더군다나 이 모든 새로 쌓기의 과정은 한국 사회에서 나라는 별을 감싸주던 대기권인 학력, 직업, 커리어, 인맥 등이 모두 소거된 채 이루어졌다. 아무도 내가 무엇을 공부했는지, 어느 학교를 나왔는지, 어떤 일을 했는지, 우리 회사의 규모가 얼만큼이었는지 관심이 없었고 대단하게 생각해주지도 않았다. 나는 숨막히는 진공 속에 그저 '나'라는 인간 그 자체로 존재했다.

그렇게 텅 빈 들에서 모든 것을 새로 시작하며, 내가 외로움을 어떻게 다스리는지, 새로운 관계를 어떻게 맺는지, 사람들은 나를 어떤 인간으로 보는지, 채근하는 사람 없이 내 삶의 행태가 어떻게 변모하는지, 자신을 어떻게 추스르는지, 작별은 어떻게 하는지 등등을 깨달았다.

그간 알고 있던 부분과 비슷한 모습도 있었지만 전혀 새로운 내가 튀어나오기도 했다. 정말 긴급한 순간엔 의외의 담대함이 나를 일으키기도 했고, 이미 극복한 줄 알았던 열등감이 어느 순간 내 무릎을 꺾기도 했다. 사회적인 지위가 나를 설명하지 않는다고 생각해왔지만 사실은 많은 부분을 의지해왔다는 걸 깨달았고, 겸양을 미덕으로 여겨왔지만 실은 아무도 나를 알아주지 않는 이 땅에 분노했다는 것도 알았다.

가장 큰 깨달음은 이것이었다. 사람은 혼자서도 살아지더라는 것. 그동안 나는 숱하게 '관계' 속에서 번민하며 살았다. 중고교 시절 좁디좁은 학교라는 집단 안에서, 소외되는 것을 죽음처럼 두려워하며 살다가 혹 대학에 가면 나아질까 희망을 품었거늘 결국 어느 사회에 있건 인간관계 때문에 괴로워하는 건 한결같았다.

결국 문제는 내 안에 있었기 때문이다. 나 자신의 가치를 관계를 통해서, 남의 눈을 통해서만 파악했기에 타인의 관심과 인정이 없는 삶은 상상도 할 수가 없었다. 그렇게 남, 남, 오직 남을 의식하며 살았기에 누군가의 뚱한 표정과 사소한 핀잔에도 수없이 나를 다쳐가며 살았다. 세상 사람 전부가 나를 좋아해야 했고 누군가와 관계가 틀어지는 게 세상에서 가장 괴로웠다.

하지만 이 낯선 땅에서 날마다 습관처럼 외로워하며, 내가 그토록 보물같이 여겼던 수많은 관계와 철저히 단절되어, 아무 집단에도 속하지 않고도 나는 멀쩡히 살아가고 있었다. 그제야 내가 그간 나의 세계에서 그리 중하지도 않은 수많은 관계에 얼마나 헛된 에너지를 낭비했는지 깨달았다. 피붙이와, 가장 친한 친구와 떨어져 있는데도 이렇게 살아지는데 그동안 내가 좋아하지도 않는 사람의 말 한마디에 왜 그리 파르르 떨며 반응했는지……. 그런 사람 따위 없는 듯 살아도 됐는데 말이다.

마침내 나는 깨달았다. 그동안 그토록 소외를 겁내왔지만 이렇게 철저히 관계에서 유리되어서도 살아지더라는 것. 죽을 만큼 외로워도 결국 죽지는 않는다는 것.

런던을
떠나며

우울을 즐기러 왔다고 공언했다가 깊은 우울감에 허덕이기도 하고, 무명씨로 존재하고 싶어 왔다는 둥 잘난 척하다 자존감이 바닥을 쳐 괴로워하기도 했던 지난 반년이 어느덧 저물어간다. 아는 사람 한 명 없는 이 도시에 들어선 후, 철저히 이방인인 내 처지에 좌절하고 새 친구를 사귀는 게 생각만큼 쉽지 않음을 깨닫고 그저 정물처럼 존재하다 흔적 없이 이 도시를 뜨리라 오기 섞인 다짐을 한 적이 있었다.

하지만 그 누구와 아무런 관계도 맺지 않고, 아무데도 정 붙이지 않고 철저히 외톨이로 지내리라는 다짐도 반년 세월 앞에 어느 순간 허물어져, 떠날 무렵이 되니 헤어지기 어려운 사람, 떠나기 안타까운 장소투성이라니 신기할밖에. 이 도시는 한 번도 내게 다정한 적 없었고 날마다 새로운 무정함으로 나를 질리게 했지만, 결국 그 냉랭함에도 정이 들고 말았는지 떠나려니 더없이 아쉽다.

작별의 날이 다가올수록 점점 마음을 누르는 작별 스트레스에 괴로워하다 결국 내린 결론은, 내가 이번 여행에 일생일대의 기회라느니, 다시없는 도전이라느니 하며 너무 큰 의미를 부여해왔다는 사실이었다. 떠나오기 전의 나는 정해진 루트만 오고 가는 시계추였고, 정수리에 붙은 줄을 떼어내고 시계 밖으로 나가는 데는 엄청난 용기가 필요했다.

하지만 막상 세상 밖으로 나오니 어떠했던가. 내가 그토록 전전긍긍했던 모든 건 한 발짝 떨어져서 보니 결국 그저 흔해빠진 세상사일 뿐이었다. 엄청난 걸 내려놓고 떠나왔다 생각했거늘 막상 떠나보니 별것 아니었다. 이번 여행도 '내 평생 가장 특별했던 사건'으로 상자가 닫히듯 종결되는 게 아니라 오히려 하나의 시작점이 될 것이다. 무엇이든 언제고 버리고 떠날 수 있는 삶의 시작.

그러니 이번 여행으로 내 청춘의 한 장이 닫혔다는 둥, 이제 이런 기회는 없을 거라는 둥, 반년간 정들었던 모든 것과 영영 작별이라는 둥 신파적인 애석함은 그만 품기로 했다. 언제고 이 도시에 산책하듯 다시 발 딛을 날이 다시 올 거고, 삶에서 여행은 그런 사소한 사건이어야만 한다. 나는 그런 여행자적 삶을 살 테니까. 그래서 그저 감사하기로 했다. 언제고 준비 없이 스며들 수 있는 도시가 내 삶에 하나 추가되었다는 사실에. 그곳이 이 아름다운 런던이라는 사실에.

Epilogue

런던에 머물며 기쁘거나, 외롭거나, 신나거나, 화나거나, 행복하
거나, 우울감이 엄습하거나, 어떤 일로 인해 마음에 잔물결이 일
면 무조건 책상에 앉아 글로 남겼다.

나는 이 일련의 감정 저축 과정에 감사한다. 글을 쓰며 희뿌연
새벽녘 안개처럼 어룽어룽 막연하기만 했던 감상이 차곡차곡 정
리되는 걸 느꼈고, 글 덕분에 모든 사건이 단순한 해프닝이 아닌
내 역사로 남았기 때문이다. 내가 누차 생각했던 거지만, 기억하
지 않으면 애초부터 없던 일이 되어버리는 것 같다. 이틀 전 저녁
식사로 뭘 먹었나 떠올려보면 가끔 커다란 괄호처럼 그 부분이
뻥 뚫려 있을 때가 있다. 나는 그 시간을 잊음으로써 내 일부를
상실한 것이다.

순간순간을 명료하게 기억하려면 기록하는 게 필수인데 물론
여기에는 노력이 필요하다. 많은 경우 기록을 방해하는 건 태만
이다. 게을러서, 귀찮아서 빼먹기 시작하고 그 순간 나의 하루는

실종된다. 여행에서도 마찬가지이다. 여행지에서의 시간은 정말이지 그냥 흘려버리기엔 아까운 천금 같은 찰나의 연속체라 누구나 영원으로 남기길 바라지만 이게 의외로 쉽지가 않다. 여행중의 긴장과 피로로 마음의 여유를 잃게 되고 기록은 뒷전이 되는 것이다. 밀리기 시작하면 또 한이 없고 그러다가 결국엔 포기하게 된다.

그런 의미에서 이처럼 내 소중한 시간을 문서화해 남길 수 있었다는 게 진심으로 기쁘다. 그 성실한 기록의 근간에는 '언젠가 내 글을 읽어줄 사람이 있을 것'이라는 믿음이 있었다. 사실 독자를 상정하지 않은 글쓰기는 동기부여가 잘 되지 않는다. 최소한 지인 서넛이라도 읽어주는 이가 있어야 꼬박꼬박 기록을 남길 마음이 생긴다.

이것은 '창작 자체'에서 의미를 찾느냐, 창작물을 매개로 한 '소통'에서 의미를 찾느냐 하는 개인 성향의 문제인데, 나는 명명백백 후자다. 읽어주는 이 없는 글, 보아주는 이 없는 그림은 내겐 의미가 없다.

그런 면에서 이렇게 '언젠가 누군가가 읽어줄 글'을 쓴다는 게 진심으로 행복했고 그 사실에 한없이 감사했다. 내가 비록 지금은 텅 빈방에서 홀로 노래하고 있지만 이 낮은 울림이 담장 밖을 넘어 언젠가 세상으로 울려 퍼질 거라고 믿었다. 때로 나쁜 일이 생기거나 극한의 고독이 밀려와도 내가 '글을 쓰고 있다'는 것에 위안받았다. 나를 괴롭히는 나쁜 일이 일어나도 사건은 사건이기에, 글로 남길 훌륭한 소스가 됐다. 그저 단순한 재앙은 아니었던 거다.

긴 여행중에 간혹 밀어닥치는 감정적인 위기는 늘 풀기 어려운 난제였지만 그때도 내가 글 쓰는 사람, 그림 그리는 사람이라는 것에 위로받았다. 낯선 땅에서 태어나 처음 겪는 극도의 우울과 공허조차 언젠가 내가 어떤 방식으로든 표현해낼 감정적 자원이라고 생각했기에 견뎌낼 수 있었다. 모든 예술이 결핍에서 비롯된다 생각하기에 그 마이너스적인 감성마저 소중했다. 글로 남길 수 있었기에 더더욱.

여덟 달을 너울너울 부유한 끝에 마침내 비행기가 고국 땅에 내려앉았고 공항에 내리자마자 본 '소화전'이라는 글자에도 감동해 마구 사진을 찍었다. 실로 오랜만에 마주한 한글 사인이었던 것이다. 오래 살던 땅으로 귀환했지만 그 모든 생경함이 신통해서 이제부터는 만사가 새삼스러운 '서울 여행자'로 살리라 다짐했다.

하지만 진득한 일상성의 틈입이란 무시무시해서 언젠가는 나도 모르게 여행하기 전의 나로 슬쩍 돌아갈 게 분명하다. 다시금 작은 것에 집착하고 권태에 번민하는 나로. 내가 언제 여행을 했던가 나조차 낯설 정도로.

그러나 그런 날이 올지라도 이제는 두렵거나 초조하지 않을 것 같다. 다시 떠나면 되니까. 출발 전에 난 이번 여행이 전에 없던 일탈이며 다시없을 큰 기회라 생각했지만 사실은 그렇지 않았다. 떠남은 언제고 다시 벌어질 수 있는 사소한 사건이고 나는 그런 마음으로 살아가야 한다.

나의 여행은 이제 막 시작된 것이다.

코멘터리 8년 후의 루나로부터

어느덧 여행에서 돌아온 지 8년입니다.
일상에 복귀해서도 매일을 여행자의 마음으로 살겠다는
금석 같은 다짐은 얼마나 지켜졌을까요?
솔직히 고백하자면,
상당한 부분이 일상의 뭉근한 품에서 녹아 없어져버렸습니다.

운수 좋게도 원래 하던 광고일로 돌아와
비슷한 생활이 반복되자
'내가 언제 여행을 떠났던가' 싶어질 때도 있었고요.
8년 전의 일들이
전생처럼 아득하게 느껴질 때도 있었답니다.

그렇지만 저는 느끼고 있었습니다.
마음 깊숙한 곳에
작은 불씨 같은 여행자의 혼이
아직 살아 있다는 사실을 말이지요.
일상의 권태에 좀먹혀 하루하루 시들고 싶지 않은,
모험가의 마음이 남아 있다는 사실을 말이지요.
그래서 그 미미한 불꽃을 지키기 위해
저는 나름의 모험을 시도하기도 했습니다.

●

오롯한 나만의 공간을 위해
가족의 품을 떠나 독립을 감행했고,
새로운 창작의 세계를 위해
시를 쓰기 시작했습니다.
요즘도 종종 런던의 펍을 그리워하며
동네 바에 혼자 찾아가기도 하고요.
여행하며 경전처럼 끼고 다녔던 그림 노트를 펼쳐
그때의 마음을 쓰다듬어보기도 합니다.

●

그 모든 시도는 여전히
만사를 새삼스럽게 보고 싶고,
세상의 다른 표정을 마주하고 싶고,
그 낯섦에 감동하고 싶기 때문인 것 같습니다.

●

당신의 몸이 학교에 있건, 사무실에 있건, 집에 있건,
우리는 늘 새로운 경이를 원하는 사람들일 것입니다.
일상에 함몰되어 매일을 반복하길 원하지 않는 사람들일 것입니다.
그 마음은 여행을 준비하는 것과 같겠지요.

우리 같은 마음으로 걸어가요.
우리 모두는 떠남을 준비하는 사람들이니까.

지금이 아니면 안 될 것 같아서

루나파크: 회사를 그만두고 런던으로

1판 1쇄	2011년 9월 22일
1판 13쇄	2016년 12월 12일
2판 1쇄	2018년 12월 17일

지은이	홍인혜

편집장	김지향
책임편집	김지향
편집	박선주 이희숙
디자인	최정윤
마케팅	최향모 이지민
홍보	김희숙 김상만 이천희
제작	강신은 김동욱 임현식
관리	윤영지

펴낸이	이병률
펴낸곳	달 출판사
출판등록	2009년 5월 26일 제406-2009-000034호
주소	10881 경기도 파주시 회동길 455-3

✉	dal@munhak.com
🐦🅕🅘	dalpublishers

전화번호	031-8071-8681(편집) 031-8071-8670(마케팅)
팩스	031-8071-8672

ISBN	979-11-5816-087-6 03920